はじめての
メラニー・
クライン
グラフィックガイド

松木邦裕——監訳
北岡征毅——訳

ロバート・ヒンシェルウッド——著
スーザン・ロビンソン

オスカー・サーラティ———絵

INTRODUCING
MELANIE KLEIN
A GRAPHIC GUIDE

Robert Hinshelwood, Susan Robinson & Oscar Zarate

Ψ金剛出版

監訳者まえがき

　クライン精神分析に共感しようと反撥を感じようと，精神分析の実践家たちにはメラニー・クラインの名はすでに馴染みのものとなっています。故小此木啓吾先生は『メラニー・クライン著作集』の翻訳刊行に際して，「精神分析の世界で，フロイト全集に拮抗し得る著作があるとすれば，それはメラニー・クライン著作集をおいてはほかにない」と著されました。

　それは 1983 年のことでした。『著作集』に収められているクライン自身の論文は大変貴重なものであり，そこから学べることは限りなくあります。しかしながら，その多くが研究論文であることや専門用語，時代文化の制約もあり，読者に難解さを感じさせないわけではありません。それゆえ，クラインの高弟スィーガルによる『メラニー・クライン入門』を始めとして，クライン精神分析をわかりやすく紹介する著書は今日まで多く出版されています。最近では，ラスティン夫妻による『リーディング・クライン』(2017 年原著，2021 年翻訳書，金剛出版) がありました。

　その『リーディング・クライン』の翻訳者の一人である北岡征毅氏による『はじめてのメラニー・クライン　グラフィックガイド』を，読者は今手に取っておられます。本書は，クライン派精神分析の世界的な紹介者である R. D. ヒンシェルウッドとグラフィックノベル作家が組んで描き上げた図解版という画期的な書なのです。

　人のこころに関心はあるが，精神分析はあまり知らない，メラニー・クラインはあまり知らないという方にはとっておきの入門書でしょう。ヒンシェルウッドが著者ですから学術水準は維持されており，クライン精神分析には馴染んでいるという方にも多くの気づきが得られる著書でもあります。実際，私も通読して新たな知見や視点を少なからず得ました。

　翻訳作業を一人で精力的になし遂げた北岡征毅氏は，クライン派精神分析をそのオリエンテーションとし，クリニックで精神分析的心理療法を日々実践している心理臨床家です。北岡氏の真摯な臨床姿勢，学びの熱意は，私が日頃より深く敬意を抱くところです。

　本書の翻訳には北岡氏の熱意が不可欠でした。それを受けて金剛出版の立石正信氏が世に出る機会を与えてくださいました。こうした幸運のもとに誕生した『はじめてのメラニー・クライン　グラフィックガイド』は，読者に利するところ大であることを私は声をおおきくしてお伝えしたく思います。

2022 年秋　嵐の後の朝影の中で

松木邦裕

はじめてのメラニー・クライン グラフィックガイド

はじめてのメラニー・クライン

　メラニー・クラインの仕事にはいつだって妥協がない。人の心の中で最も隠された「深部」に決然として到達しようとした。メラニーは，私たち自身の常識に挑む部分を明るみに出すことが多いから，その著作は最初難しいし，読む者を混乱させるだろう。彼女は，乳児の隠された異常な恐怖と歓喜は簡単には人々に受け入れられないだろうと，分かっていた。「このような原初的な過程を描写することには大変な困難が伴う。こうした空想は，乳児がまだ言葉で考え始める前に生じている」それでも彼女は，人間の未来の健康は，こうした心の深い水準に私たちが到達して，それを受け入れられるようになることに掛かっていると信じていた。

どんな初等教育にも
子どもの精神分析が含まれるのだ，
と気づくことによって，
私たちは未来を見据えなくてはならない。

メラニーの子ども時代

　メラニーは 1882 年 3 月 30 日にウィーンで生まれた。

　メラニーは，医師のモリッツ・ライツェスとリブッサ・ドイチュの 4 人の子どもの末子で，自分は望まれない子どもだと感じていた。父は，正統派ユダヤ教徒で結婚歴があり，妻リブッサより 24 歳年上だった。リブッサは美しかったらしい。モリッツはあまり流行らない開業医だった。

医師モリッツ・ライツェス

家計の足しに
歯医者をし，
寄席演芸の
主治医をしている。

エマニュエル

リブッサは，その時代では珍しいことに，しばらく店を経営していた。二人の間の子どもは，1876 年生まれのエミリー，1877 年生まれのエマニュエル，1878 年生まれのシドニー，そしてメラニーである。子どもたちは皆，早く死ぬか，苦しい人生を送ることになった。シドニーは結核で 8 歳で死んだ（メラニーが 4 歳の頃である）。エマニュエルも 24 歳で結核で死んだ。エミリーは幼少期を生き延びたが，アルコール依存のばくち打ちと貧しい結婚生活を送った。

リブッサ・ドイチュ

エミリー

シドニー

メラニー

最初のかなしみ

　メラニーだけが母乳で育ててもらえず，乳母におっぱいをもらった。父はあけすけにエミリーの方を愛した。人生がこういうふうに始まったことが，当然，メラニーに影響を与えただろう。子どもの発達と抑うつを理解したいと思うようになったのだ。

メラニーは精神分析に比類のない貢献をした。そこで強調されているのは，創造性である。しかしそれだけでなく，怒りや羨望，憎しみという生々しく苦痛な感情も強調された。こうした強い感情を子どもは持っていると考えたのである。彼女が何にも増して強調したのは，最早期の関係，つまり母親の乳房との関係である。

教育と結婚

　メラニーは父に認めてもらいたかった。何よりも知的に成功することで父に認められたかった。ウィーンのギムナジウムに 16 歳で入学したメラニーは，父と同じ医者になりたいと思った。これが一変するのは，ギムナジウム入学 2 年後の 1900 年に父が死んだときだ。その頃に結婚したエミリーが，アルコール依存の夫，レオ・ピックと一緒に実家に移り住んできた。レオは医業の跡を継いで，家族を養った。リブッサは若く元気なやもめ〔訳注〕だった。

子どもたちの
人生の計画と準備だけで
精一杯。

〔訳注〕原文は，widow。
つまり「未亡人」。女性
差別的な言葉であるが，
このままとした。

　エマニュエルは結核になり，薬物とアルコールに溺れていた。リブッサは，エマニュエルを見送ってヨーロッパに旅行させた。若い病んだ芸術家という彼の理想を追求させたのである。

メラニーは，夢見る兄に心酔していた。兄の知性に並ぶこと，つまり両親から得られなかった承認が欲しくて，絶えず努力した。彼女にアーサー・クライン，つまり将来の夫を紹介したのは，エマニュエルだった。

アーサーは
素晴らしい知性を
持っている。
良い結婚相手に
なるよ。

でも
結婚してしまったら，
学問はできない。
医者になる夢も
叶わない。

メラニーはこの「契約」を飲んだようだ。おそらくリブッサの圧力があったのだろう。メラニーは身を固めて，家族の経済的負担を軽くする手助けをしたのだった

旅の定め

　兄のエマニュエルは, 1902年12月に死んだ。兄の死の3カ月後, メラニーはアーサーと結婚した。技師をしているアーサーの仕事の都合で, 常に旅をするようになった。結婚して1年後の1904年, メラニーの最初の子, メリッタが生まれた。メラニーは7カ月間はメリッタにおっぱいをあげたが, アーサーの仕事が二人を引き離し, メリッタの世話はリブッサと乳母が担った。

旅行がうつの再発予防になるという考え方は，家族の中に根強かったようだ。メラニー
は後に重要な転居を何度かする。その中には，うつの再発予防のための転居もあったか
もしれない。クライン家がシレジアに住んでいた2年半，メラニーはたいていシレジア
を離れていた。

メラニーは，
上の二人の子の人生で
おそらく一番大事で
劇的な瞬間に，
いなかった。

　こう思う人もいるだろ
う——メラニーは，小さ
い子どもたちを置き去り
にし，うつ病のため子ど
もたちの求めに情緒的に
応えられなかった。その
罪悪感と喪失感のため
に，その後，子どもの精
神分析の技法を我が子と
一緒に「実験」したので
はないか——と。

リブッサとの戦い

リブッサは助けてくれるどころか，メラニーが家を離れているときはいつも，子どもたちが泣いて母親がいないと寂しがっているという知らせを寄こした。

リブッサとメラニーは，人生の中の男性——最初はモリッツ，次にエマニュエル，最後がアーサー——を巡って生涯にわたり競争していて，分離できなかったように見える。アーサーは，シレジアという僻地からは出なくてはいけないと思い，家族を連れてブダペストに移り住んだ。

ブダペスト移住の1年後，1911年にリブッサがまた私たちのところにやってきた。ずっとじゃないか。

　今度は，うつになるどころか，メラニーとリブッサの間に，家族と子どもの支配を巡る激しい戦いが起きた。これは子どもたちの発達に悪い影響を与えたはずだ。メリッタは真似するかのように，将来，人目も憚らず憎い母と戦うことになる。

第一次世界大戦

　　1914 年はメラニーにとって運命的な年である。第一次世界大戦が始まっただけでなく，リブッサが死んだのだ。メラニーが 3 番目の子，エーリヒを生んだ数カ月後のことである。さらに，アーサーは出征し，これは外傷経験になった。アーサー，そして結婚生活は，この外傷経験から決して回復しなかったのである。

メラニーは詩と短い小説を書いたが，何よりも精神分析を「発見した」。ジークムント・フロイト（1856–1939）の『夢解釈』をこの年に読んだのである。そしてメラニー自身も，サンドール・フェレンツィ（1873–1933）の分析を受け始めた。

フェレンツィとの分析

　その当時，アーサーはフェレンツィの兄弟と同じ製紙工場で働いていた。一方，エミリーの息子，オットー・ピックはウィーンでフロイトかかりつけの歯科医をしていた。ウィーンとブダペストのユダヤ人の知識人がこんなふうにつながっていることは，よくあることだった。メラニーのフェレンツィとの精神分析は，第一次世界大戦中に，恐らく何度か中断したのだろう。

私は，1909年の
フロイトとユングの
アメリカのクラーク大学への
講演旅行に同行した。

　ユングは1913年頃に精神分析運動から離脱した。それ以降，フェレンツィはフロイトの右腕になった。フェレンツィはブダペストで活動していた（ブダペストは，オーストリア–ハンガリー二重帝国のハンガリー王国の都市であった）。そして，ハンガリー精神分析協会を1913年に設立した。これは，ウィーンに次いで設立された精神分析協会である。フェレンツィはアーネスト・ジョーンズを1913年に分析した。そして戦後は，国際精神分析協会の会長になった。

　第一次世界大戦が精神分析の実践を妨げた。しかし，この戦争は，無意識の作用に関する理論を発展させるまたとない機会を提供した。すなわち，心的外傷が心理的な健康に及ぼす効果に関する理論である。砲弾ショックを理解し治療するとき，この種の「戦争神経症」を理解する方法として，精神分析はどんな心理学の理論や治療実践よりも進んでいた。この成功によって，精神分析運動への楽観的な見通しと，その拡大が，急速に生じた。

子どもの精神分析と初めて出会う

　当時の分析家と被分析者の関係は非常にくだけたもので，フェレンツィはメラニー・クラインに，我が子に精神分析的な関心を向けるよう促した。その意味では，恐らく精神分析の世界にとっては，メラニーがフロイトではなくて，フェレンツィの分析を受けたことは幸運だったのである。

　フェレンツィは，メラニーが子どもへの鋭い観察能力を持っていることに気付いていた。
　そして，メラニーが訓練を受けていないのにもかかわらず，臨床の助手に任命して，子ども研究協会で自分と一緒に働かせた。こうしてメラニーはすんなりと一人の患者から，精神分析それ自体に貢献する人に変わった。

父親のようになりたいとメラニーが駆り立てられていたのは，アンナ・フロイトと似ていた。それが影響して，二人は後に抗争することになるのかもしれない。1919 年にメラニーは，子どもの発達と学校教育に関する論文をハンガリー精神分析協会に提出した。この論文は，彼女が自分の子どもたちを観察して，子どもたちと話し合った経験に基づいていた。メラニーは，この論文によって精神分析家として認められた。この頃までには，メラニーは娘のメリッタ（当時 15 歳）を精神分析協会の会合に連れて行くようにもなった。

　メラニーには，父親の跡を継ぎ医者になりたいという満たされぬ野心があったのかもしれない。精神分析の世界に，その代わりを見出したのだ。

小さなハンスの症例

自分の子どもを分析するという方法が、フロイトの『少年ハンス』の症例の結論にもっと役立ちたいと願う分析家のあいだで広まっていた。

5歳のハンスは、馬「恐怖症」だった。

外になんか出ない……ウマがかみつくかも。

ハンスは4歳半の男の子だ。ハンスの分析は、彼と父親の会話を通じて行われた。そのときの様子を父親が私に報告し、私のコメントと指示を求めた。

彼の父はフロイトに相談した。

始まりは妹が生まれたときです……

ぼく、ちっちゃな女の子を手に入れる。

そうしたいの？

うん。来年、女の子を持つよ。

なんでママが持ったらダメなの？

今度はママじゃなくて、ぼくが欲しいから！

女の人しか子どもはできないよ。

ハンスは自分のペニスに興味を持つようになった。父のにもだ。

!!

ハンスの「分析」が1908年に行われたとき、フロイトはちょうど子どもがどのように発達していくか詳細に考えて、その答えを見つけ出していた。それによると、子どもの発達はいくつかの段階——口唇期、肛門期、性器期——を順番に進み、中間の時期（潜伏期、およそ3歳か4歳）に至って、それが終わると青年期になる。

マスターベーションは「やっぱり」やめさせられた。

お医者さんにちょん切られたら……どっから
おしっこする？

できるよ
ケツで！

ハンスは探求を続けた。

どうしてあんなふうに
じっと見てた？

ママも，
おしっこする
のかな
って。

知らなかった？

ママのでっかすぎるから，
ウマかとおもった。

ハンスはあなたへの恐怖を
馬へのそれに置き
換えたんだ……

なぜ
私を怖がって
るんですか？

あなたの方がデカい…
去勢してやると脅して
いるのだろう，彼が母親を
欲しているから。

何て
おかしな！

まったく
正常な幼児の成長
段階だ。

どうすれば良
いですか？

彼に言ってあげなさい……
いつかお父さんと同じくらい
デッカくなることを認める，と。

もっとも私はハンスの成長段階を
大人の患者の精神分析によって発見した。
つまり，夢と自由連想という技法を使って，
過去に遡って探求したのである。

　　ハンス少年の会話でフロイトは自説の発
達段階を点検し，その正しさを大いに確信
した。その後，フロイトは同志たちに，子
どもをじかに観察して子どもの発達に関す
る知見をさらに得るよう求めた。

子どもの分析への初期の貢献

　そうこうしているうちに他の分析家も子どもに関して似たような研究を公表した。特に興味深いのは，サンドール・フェレンツィもその一人だったことである。

私はある少年を描写し，彼をカンタベリー物語の中の，チャンティクリアという，自尊心のある登場人物になぞらえた。

　もう一つの貢献として，精神分析史初期の重要なドイツ人分析家，**カール・アブラハム**（1877–1925）からのものがあった。

私は娘のヒルダとの分析を行なった。

その後，私は娘のアンナを分析して，後日この分析の詳細を改変して公表した。

私は最初はこんなふうに，自分の子どもたちと会話する方法を採用したが，後に倫理に反すると考え，論文にした際に子どもの名前を変更した。

　こうした研究はすべて，フロイトの理論を立証するものだった。

さてメラニー・クラインはというと、「子どもの発達」と題された1919年の論文の要点を、きわめて詳細に力説した。クラインは、抑制的な子育てでは抑圧がいたるところに影響を及ぼすことを示した。例えば、ある4歳の男の子(恐らくメラニーの子のエーリヒ)は何度も、「生まれるまえ、ぼくはどこにいた？」とか「ひとは、どうやってつくられるの？」と訊いてきた。適切な言葉を使うと、その子は、両親が作ったという真の答えを完全に理解した。にもかかわらず、その質問を繰り返すのだ。

真実への欲求が
もがきながら
湧き上がりつつあるのに、
ある種の痛み、真実を
受け容れたくない思いによって、
繰り返し質問せざるを
得ないのだ。

そのあと、
うばやお兄ちゃんに
きいてみたんだ。
みんな、こうのとりが
赤ちゃんをはこんでくる
っていうんだ。

でも、彼はこの答えに満足できず、母親に訊きに戻り、真実を前よりも受け入れたようだった。彼は以前よりも話をするのが好きになり、真実と復活祭のウサギのような物語とを区別し始めた。

ベルリンへの移住

　メラニー・クラインにとって，1921年は大きな変化の年だった。この年，反ユダヤの雰囲気が戦後の新生ハンガリーに蔓延し，クライン一家はその地を去らなくてはならなくなったのだ。そして夫はスウェーデンでの仕事を見付けた。

僕たちの結婚生活は
ずっと，
荒れ模様だった。

それにうつ病のこともあるし，
精神分析を学びたいって
いつも思って落ち着かないし，
私は分析の職業に就きたい。
だからベルリン行きを
決心した。

　結婚は破綻した。もう夫と子どもを作らなくてもいい。メラニーは思う存分，生涯続く知的な野心に自分のすべてを捧げた。かつてメラニーは家族のために医者になることを諦めた。この選択はメラニーを苦しめ，彼女はどっちつかずの状態に陥った。これが一変したのだ。反ユダヤ主義の時代に，メラニーはシングルマザーになった。けれども，ついに自分の野心に忠実に生きられる——彼女はその通りに生きた，大変な活力と献身をもって。

ベルリンでメリッタは医学を——彼女の母親がかつて抱いた野心である——学び始めた。メラニーはカール・アブラハムとの分析を求めた。この頃までには，精神分析運動は総体として，新しい分析家の訓練に関して以前よりも厳格で専門性の高いものになりつつあった。

アブラハムは
精神分析家に対する
正規の訓練の必要性を
主唱した中心人物だった。
この訓練の中には，
訓練生の個人分析が
含まれていた。

　実際にアブラハムは1920年にベルリンに世界で初めての精神分析の訓練組織を作った。外国からたくさんの訓練生がベルリンでの訓練を求めてやって来て，アブラハムの分析を受けることになった。その中には，英国から来たエドワードとジェームズのグラバー兄弟やアリックス・ストレイチーがいた。

先駆者，ヘルミーネ・フーク−ヘルムート

アブラハムもメラニーに子どもを分析治療するよう勧めた。これは，1920年代初頭の精神分析研究の生長点に一致したものだ。

多分，子どもの分析は女が精神分析に貢献できることだと考えられていたんだ。

こうした雰囲気の中，メラニーの大雑把な方法は，ある明確な技法へと形作られていった。メラニーは，子どもの分析の先駆者である**ヘルミーネ・フーク−ヘルムート**（1871–1924）に近づいたが，冷たくあしらわれた。でも，メラニーの開発した方法は画期的なものだったのである。フーク−ヘルムートは上流階級の出身で，ウィーンの学校の教師をしていた。フーク−ヘルムートは，フロイトの考えを1912年から利用し，それを適用することで，ある種の精神分析的教育学を創造しようとしていたのである。

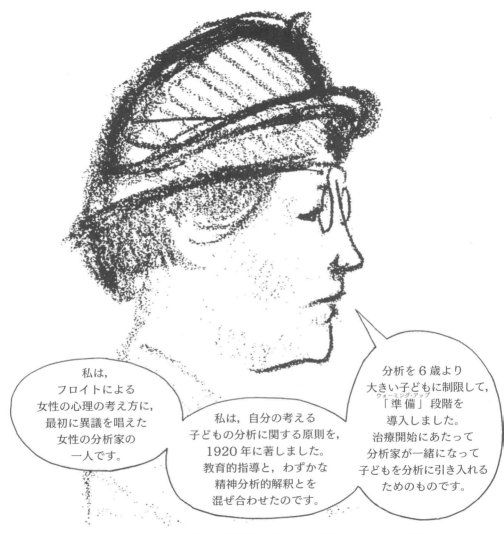

私は，フロイトによる女性の心理の考え方に，最初に異議を唱えた女性の分析家の一人です。

私は，自分の考える子どもの分析に関する原則を，1920年に著しました。教育的指導と，わずかな精神分析的解釈とを混ぜ合わせたのです。

分析を6歳より大きい子どもに制限して，「準備」段階を導入しました。治療開始にあたって分析家が一緒になって子どもを分析に引き入れるためのものです。

　フーク−ヘルムートは，子どもの自宅で子どもに会って，後年のメラニー・クラインと同じように，子どもの遊びに注意を向けた。つまりハンス少年に用いた会話による方法ではないのである。1924年までにはフーク−ヘルムートは子どもの精神分析的作業に関する権威になっていた。

メラニーの仕事の始まり

　メラニー・クラインは当時信じられていた前提に逆らって仕事を始めた。子ども，とりわけ非常に幼い子どもは，分析できないと信じられていたのである。メラニーは，フークーヘルムートから子どもの遊びを重視する考え方を受け継いだ。遊びは分析治療の鍵を握る道具になったのである。

　結果としてメラニーのもたらしたものは，標準的な精神分析理論を立証するだけのものに留まらなかった。メラニーは自由に子どもについて新しい発見をすることができたのである。

メラニーは子どもの患者に，遊ぶのに使う一組のおもちゃと道具を与えた。さらに，そ
れを仕舞っておける，その子専用の鍵のかかる戸棚を与えた。メラニーは，この遊びの
技法を，後年の講義で次のように述べた。「私の分析室の低いテーブルの上には，小さく
簡素なおもちゃがたくさん置いてあります。木製の小さな次のようなおもちゃです。男
の人，女の人，荷馬車，客車，自動車，汽車，動物，れんが，家。他には紙とはさみ，
鉛筆も置いてあります」

普段は抑制され
遊べない子どもでさえ，
少なくともおもちゃを
ちらっと見たり，
触ったりする。

メラニーが厳密な子どもの分析技法に注意を向けたことで，強い感銘を受けた人たちがすぐに登場した。アリックス・ストレイチーは，ベルリンでアブラハムの分析を受けていたイギリス人の訓練生だったが，メラニーと初めて会ったときのことを，夫への手紙に書いている。

メラニーに昨晩会った。彼女が私に語ってくれたことに本当に感銘を受けた。

メラニーこそ，子どもを正しく分析している唯一の人だ。フークーヘルムートなど，のらりくらりと時間潰しをしてるだけだ。

メラニー・クラインの才気は，次の三つに由来する。第一に，メラニーは自分が開発した遊び道具が持つ有効性を認識した。第二に，彼女は，アブラハムと同じように，並外れて鋭い臨床的観察力を持っていた。第三に，自分の観察には深遠な重要性があることを見通していた。メラニーが正規の医学訓練を受けていなかったことは最初，専門家として進んでいくことを妨げた。しかし，それは恐らく，自分自身の発想と思考を自由に発展させる上で強みにもなったのである。

　間もなくメラニー・クラインは色々な発見をした。そしてそれを世に問いたくなった。

ルースの症例

　メラニーは当時の精神分析的主題——超自我，エディプス・コンプレックス，そして幼い女の子の謎だらけの発達——に多大な貢献をした。最後の女の子の発達という問題は，当時の男性分析家にはほとんど理解できなかったものだ。女性は驚かないだろうが，メラニーはまったく新しい見方を提示できたのだけれど，しかし男性支配の社会において自分の話を聞いてもらうために苦闘したのである。

　このとき，メラニーは，女の子には男の子の去勢不安と同等の不安があることを自分は発見したと力説した。女の子の恐怖は母親の内部に関連しているというのだ。

実りのないセッションが長い間続いた後に，メラニーは一連の出来事を報告した。

ルースはこのとき，メラニー・クラインを驚かせた。初めてメラニーと一緒に遊び出したからだ。

フロイトとの不一致と……

このようにルースの敵意が減ったのは，解釈の正しさを確証するものだった。一般に女の子は母親の内部に敵意を向けており，そのことで頭がいっぱいなのである。

女の子は，子どもの身体を破壊する意思を持つ母親からの報復を恐れ，母親の身体の中のものを滅茶苦茶にし，そこから子どもを引っぱり出す。

これは，フロイトの当時の見解と矛盾していた。

子どもは，母親と父親の間にある解剖学的な違いを否認している。

……クラインへの疑惑

　分析家になったばかりの（そして女にすぎない）メラニーは，自分の考えを認めさせるのがどれほど困難なことなのか思い知ることになった。メラニーの考えはどこか疑われていた。なぜなら彼女がとても幼い子どもに向かって性と攻撃性を隠しだてなく語っていたからだ。

当時は表向きには
私たち子どもは純粋で，
人生の暗黒面によって
まだ汚染されていない
ってみなされてた。

　メラニーには当初，女性としての役割が当てがわれていた。つまり，フロイト理論の正当性を立証するために子どもを観察する役割である。しかし今やメラニーは，自分の力で独自に研究し，考える人に変わったのである。

女は子どもに関して
新しい観点を提示できる。
男の分析家と違って，子どもを
一人の思考する存在として，
ずっと偏りなく，じっくり
考えられるからだ。

しかし，それによって
男の分析家は動揺した。

メラニーに疑惑の目が向けられた。正統的に考えれば，「早期分析」は本当の精神分析じゃない，無垢な子どもを傷付けてばかりいる，という疑惑だ。その結果，メラニーはベルリンの協会で相当な反発を受け，嘲笑までされた。

メラニー・クラインへの疑いは1924年に輪をかけて強まった。この年，彼女はウィーンで，新しい技法と自分の発見に関する講義をした。さて，ヘルミーネ・フークーヘルムートである。彼女は子どもたちと一緒に精神分析的介入を開拓していた。その中には養子のロルフもいた。1924年，彼女は殺された——成長したロルフの手で（我が子を自分で分析すべきではないという，これ以上の証拠があろうか！）。

　1924年のこの事件の数カ月後に，メラニーの講義が行われたのである。この事件で，ウィーンの分析家は立ち止まって考え，急進的な新しい方法によって子どもの精神発達に関する実験をすることに以前よりも警戒するようになったに違いない。しかしメラニー・クラインは，警戒しなかった。自分自身が新しく進展し，胸がわくわくするのに従ったのである。

ブルームズベリーの人々

　メラニーは 1924 年の終わりにベルリンで**アリックス・ストレイチー**（1892-1973）と運命的な出会いをする。アリックスはメラニーに感嘆し，すぐ友人になった。アリックスの夫は**ジェームズ・ストレイチー**（1887-1967）で，二人ともロンドンのブルームズベリー・グループの中心人物と親しかった。精神分析はブルームズベリー・グループを大いに魅了した。リットン・ストレイチー（ジェームズの兄）やメイナード・ケインズは精神分析に賛成し，クライヴ・ベルやロジャー・フライは反対した。

レナードとヴァージニアのウルフ夫妻が出版社——ホガース・プレス——を始めたとき，二人はジェームズ・ストレイチーに説得され，英語版のフロイトの出版人になった。ジェームズとアリックスは，フロイト公認の翻訳者として注目され始めた。

アリックス・ストレイチーは，メラニー・クラインが快活で，愉快になるほどぶっ飛んでいると分かると，手紙で夫に報告した。

メラニーはブルームズベリー・グループが積極的に交わりたいような人物だった。頭が良く，言いたいことを正直に言い，男性支配の社会観に異議を唱えているからだ。

ロンドンにいるアリックスのつてを通じて，英国精神分析協会はメラニー・クライン
に当地での講義を依頼した。6回の連続講義の手はずが1925年に整った。講義は大成
功だった。ベルリンに戻ってすぐ，メラニーはカール・アブラハムが病に伏せているの
を知った。彼は1925年のクリスマスに死んだ。大事な者とまた死別した。これはメラニー
に深刻な影響を与えたに違いない。アブラハムとの死別はメラニーに新たな道を開いた。

英国で受け入れられる

アーネスト・ジョーンズは 1926年，メラニー・クラインにロンドンへの移住を勧めた。彼は世界中の精神分析集団をまとめる中心人物だった。1879 年にウェールズ南部で生まれ（1957 年に死んだ），フロイトの忠実な弟子で，後にその伝記作家となった。すでに英国の精神分析の元老だった。

自分の子どもたちに分析を受けさせるなら私が適任って思ったからジョーンズは私を英国に呼んだんだ。

マーヴィン・ジョーンズは当時 3 歳，姉のグウィネスは 5 歳。二人の子どもの分析はメラニーが到着するとすぐに始まった。その 1 カ月後，ジョーンズの妻のキャサリンもメラニーによる分析を開始した。

ロンドンの精神分析の風潮

　メラニーの子どもたちは，その後まもなく合流した。彼女はすぐに最も独創的な研究者としてロンドンの精神分析グループの中で賞賛された。すでに子どもの分析への関心があったのだ。ニーナ・シールは 1920 年に子どもの分析を始めていた。メアリー・チャドウィックとスーザン・アイザックス，エラ・フリーマン・シャープも子どもの分析を専門としてロンドンで活躍していた。英国精神分析協会では，女性参政権運動家である女性の代表団が強い勢力を持っていた。彼女たちは，戦後の革新的な社会変化の時代に職業的地位を積極的に手に入れようとしていたのだ。

MiNa SEarL

ELLa fREeMan SharPE

精神分析は女性に開かれた新しい専門職だった。古くからある医者と弁護士が男性に独占されたままであるのとは違っていた。英国精神分析協会が 1919 年に設立されると、たくさんの元教師が、すぐ協会に入った。おそらく 20 世紀初頭の英国の教育界において改革と進歩の流れが強まり、精神分析への関心が生まれたのだろう。**スーザン・アイザックス**（1885–1948）は精神分析の考え方に基づいた実験的な学校を設立した。**ドナルド・ウィニコット**（1896–1971）は小児科医で、すでに 1924 年に精神分析家としての訓練を始めていた。

Mary Chadwick

Donald Winnicott

Susan Isaacs

メラニー・クラインはジョーンズ一家に歓迎されていることが分かっていた。しかし，それだけではなかった。幸運にも，彼女は精神分析の文化の中に足を踏み入れていたのである。すなわち，実験的で，新しいアイデアを見出そうとして，子どもの分析に献身しようとしている精神分析の文化の中に。必然的に，彼女は，その才能と人を魅了するパーソナリティで，すぐに英国の精神分析の中心に躍り出た。

クラインの対象関係論の始まり

　おもちゃを使う。その多くは男女の小さな人形だ。すると，子どもの**対象**との関係および，**対象**と**対象**との間の関係が，はっきり示される。フロイトは性的エネルギー（リビドー）が原因となる緊張に注目したが，しかしメラニーはそうしなかった。フロイトは，本能が発生源と目標と対象を持つと言った。

この三つの中でも，
私のリビドー理論は
発生源（性感帯）と
目標（その放出）に
注目している。

フロイトのリビドー理論では，対象はどちらかと言うと付録だった。対象はいずれにせよ，とても変わりやすい。人の本能には塑性があり，ある対象から別の対象へと驚くほど移ろいやすいからである。だがメラニー・クラインは，そうは考えなかった。対象こそ大事だと言った。特に，カール・アブラハムに続きメラニーは，子どもが関係を持つ人物と事物についての（に向けての）不安を強調した。メラニーとは違う対象関係論の精神分析家もいる。スコットランドの最初期の分析家である**ロナルド・フェアベーン**（1889–1964）や，その弟子の**ハリー・ガントリップ**（1901–75）のような人たちだ。彼らにとっては，本能という考えはまったく不要で，対象との関係がすべてだった。

彼らみたいには考えない。
私は本能という考えを棄てない。
本能は身体内に
生物学的源泉を持っている。

メラニーの仕事によって，精神分析に「対象関係」学派ができ，それ以来，英国の精神分析の柱の一つとなった。おもちゃを用いることで，おのずとメラニーはこの方向へ向かっていった。子どもがおもちゃを通じて，お互いに関係を持っている対象（人間たち）を，はっきり表現したからだ。

子どもたちは，このように深く理解されると，驚くような反応を示した。メラニーが遊びの意味を正しく理解すると，子どもに安心がもたらされたのだ。

私は強くなった。
正しい方向に向かって
精神分析をしているという
信念があったから。
私の解釈で，子どもの不安が
何度となく軽減するのを
観察してきたから。

子どもが経験している不安は，大人からすると，現実的な不安ではない。しかし独自の論理がある。それは，フロイトが夢において発見したような真実につながるものだ。

ピーターの症例

　メラニーの考えによると，一貫した無意識的内容物は，不安に彩られた遊びの中を縫う
ように進んでいく。だからメラニーが子どもに遊びについて話しかけるときは，子ども
の心の中の深い（無意識的な）意味だと彼女が考えることに，遊びを関連づけるのだっ
た。

　メラニーの解釈は自然
に始まる。ピーターの症
例を具体的に見てみよ
う。1926年のロンドンで
の講義で採り上げられた
ものの一つだ。

ピーターは
3歳で，
とても手の焼ける
子どもだった。
しがみついて
離れない。
辛抱できないし，
ほとんど
遊べなかった。

よくわからない何かが,「よくない」。だから遊べない。しかし,馬車のぶつかり合いが表現している遊びは,遊べなくなる本当の原因を示唆しているようだ。無意識の意味があるはずだ。

そしてもう一度，ピーターは同じように二つの馬のおもちゃのぶつけ合いを始めた。
メラニーは言った。

　馬が死んでしまって，それを埋めると考えると，想像力が拡がり，遊べるようになったみたいだ。この変化は，メラニーが馬は人間だとコメントした後で起きた。クラインには，このような変化——心の抑制が緩むこと——が興味深かった。

第2回目のセッション。ピーターは車と荷馬車を前回同様，二通りに──縦に長くと横一列に──並べた。と同時に，また二台の馬車をぶつけ合った。二台の馬がぶつかり合った。前回とまったく同じだ。

次に二台のブランコを向かい合わせに置いて，ぶら下がって揺れている中心の長い部分を指さした。

みて，ぶらぶらして，ぶつかってるよ。

メラニー・クラインの解釈は，ピーターを悩ませている何かと本当につながっている。そう結論づけないわけにはいかない。両親が一緒にしている何かが，一緒に性器を使ってしている何かが，本当にピーターを苦しめている。——それは彼にとって，「よくない」。その直後，ピーターは弟について再び話した。

このパターンだ。
遊んだ後に，弟を不安に思う。
これは初回でも起きていた。
彼が遊べなくなるのと弟との間には，
重要なつながりがある証拠だ。
それなら……

パパとママが
あれをぶつけ合ったから，
弟のフリッツが生まれたって
思ったんだね。

ピーターは，弟が生まれたことで頭がいっぱいだ。彼を苦しめているのは，それ——「よくない」行為——なのである。

その解釈へのピーターの反応は印象的だった。まったく違う遊びに変化したのだ。いろんなおもちゃに名前を付けた。そこには憎い弟も入っていた。ニワトリを外に出してやることを空想して遊んだ。

彼は想像力を持って，
いろいろな遊びをする子どもになった。
その遊びでは，多種多様な人間関係が
これまでよりもずっと多彩な流れで
進行していった。

　メラニー・クラインは，子どもの不安を平易だが，まったく隠し立てなく解釈することで，抑制された子どもがもっと想像力豊かに遊べるようになることを，繰り返し示した。

論争が始まる

　　アンナ・フロイト（1895–1982）は最初，教師として働いていた。しかし，自分が精神分析を受ける中で，1923 年に父の職業に就いた。フロイトの分析を受けたから，生涯を通じて父に貢献することになったのだろう。

1923 年という年は，父にがんが見つかった年。結局，このがんで父は死にました。

彼女は私の長い闘病生活を支えてくれた。まさに理想的な後継者だ。

　　これは誘いだった。アンナは忠実に応じた。彼女は非常に閉じ込められた不運な人生を送った。父の仕事を権威づけることに没頭したのだ。彼女にとっても，父にとっても，自分たちが同時代における精神分析の生長点である子どもの分析に「正式に」寄与していることが重要だったのだろう。

　　アンナ・フロイトの最初の一歩は，1925 年にウィーン精神分析協会で，子どもの精神分析の連続公演を行うことだった。その 1 年後に彼女はこれを出版した。

アンナ・フロイトによる子どもの分析は，極めて用心深いものだった。だから彼女は講義の最初に，自分の見解をメラニー・クラインの大胆な主張と対比したのである。メラニーは，子どもはどんな障害であろうと分析治療が可能だ，と主張していたのだ。

私たち分析協会の
会員のほとんどが，
メラニーと考えが違う……

分析ができるのは
幼児神経症の症例だけだ。
家族ではなく，
子どもが実際に苦しんで
いるときだけだ。

治療のための合意が意識されるには，分析のために「子どもを訓練する」期間が必要になる。言葉によるアンナの分析技法には，患者が意識して分析に協力することが必要だった。子どもの遊びは有用だとアンナは述べたけれども，メラニー・クラインが子どもの遊びを大人の自由連想と同等だとみなし明確に解釈することには，反対した。

子どもにとって遊びは，
大人の言葉とは違う
目的を持っている。
子どもの遊びでは，
前言語的な段階に本気で
到達することはできない。
それが可能なのは，
自由連想を用いた
大人の分析である。

転移という問題

　アンナ・フロイトは，こうも主張した。「子どもはまだ現実の両親との関係が深いので，分析家への転移を作らない」と。アンナは，転移をあきらめておきながら，子どもの患者を精神分析に引き入れようと試みた。その結果，教育法を精神分析的探求と組み合わせて，今まで以上に教師然とした技法に至ることになった。彼女はフロイトと同様に，精神分析が持つ力は，患者が分析家という人物に向けて転移する陽性感情を強めることだ，という考えに基づいて分析作業をした。分析家を求める愛によって，無意識を意識化する痛みへの抵抗に打ち勝つことができるのだ，というのである。

　転移という用語をフロイトが使用した理由は，それが患者のもっと早期の発達段階の関係（すなわち親との関係）から転移された愛に見えたからだった。アンナは，だから子どもでは転移は起こり得ないと考えたのである。

　子どもは，例えば３歳では，最初の愛の段階にまだ至っていない。転移は結局，この最初の愛の段階を土台にしている。だから子どもは，この愛を転移することができない。

　アンナの考えだと，子どもの分析では精神分析家は，現実の（転移の，ではない）源泉から，愛情溢れる態度を養わなくてはならなかった。この愛情は準備段階，あるいは「ウォーミングアップ」段階で獲得しなくてはならないというのがアンナの勧めだった。

講義を通じてアンナはずっと陰に陽に，子どもに分析的解釈ができるというメラニー・クラインの見解に反論した。アンナがメラニーを激しく批判したのは，メラニーほど隠し立てなく子どもと一緒にいるのがアンナには不安だったからでもある。

　英国の分析家は 1927 年にアンナ・フロイトの批判に対してシンポジウムを開き，それを論文にして刊行した。

　メラニーが描写した困難を抱えた子どもたちは，たとえ陰性の転移感情で分析を開始したとしても，分析作業ができた。メラニーは，解釈が十分に「深い」ならば，アンナ・フロイトの言うウォーミングアップ段階は必要がないことを示した。

トーテムの父

　このシンポジウムによって，残念なことに，アンナが子どものための分析を骨抜きにしていることが示された。

これによって，ジョーンズは不満を感じ，娘の分析の導き手であるフロイトは怒った。二人の間で手紙がやりとりされることになったが，フロイトはジョーンズを個人攻撃した。

メラニーは自分の仕事をフロイトの考えに基
づいて発展させようと努めた。アンナは父の考
えを正確に，変更なく，固守しようと努めた。
二人とも，自分の父親の立派な娘になろうと必
死にもがいていたのだけれど，メラニーは創造
的に育つことができた。

私が
フロイトの
娘だったら，
話はちがって
いたのかな？

　人はアンナに同情するはずだ。付き従って生きるには，彼女の父親は，メラニーの父
親に比べ，あまりに「偉大」すぎた。アンナの場合，そういう父親が，メラニーの父親
よりも生き長らえたのである。メラニーの父親は，彼女が18歳のときに死んでいる。メ
ラニーの精神分析への転身について，考えを巡らせられるだろう。二十代以降でも父が
存命だったら，はたして彼女は精神分析に転じただろうか，と。

フロイトの理論を改良する

　結局，英国の分析家は 20 年間ほどアンナ・フロイトの著作を英訳出版しなかった。これは，メラニー・クラインの重要な著作，『児童の精神分析』が 1932 年に英訳出版されたのと，対照的である。この本には，メラニーのロンドンでの講義からの進展が含まれていた。彼女は英国の同僚のほぼすべてから賞賛を受け，それはヨーロッパ大陸の分析家からの疑念を上回った。

メラニー・クラインは，自分の技法を信用していた。子どもの発達に関する重要で新しい結論を導き出すことができたからだ。メラニーが隠し立てなく解釈して，子どもが反応する。この反応によって，エディプス・コンプレックスに関する精神分析理論が確証された。しかし，メラニーは，それ以上のことに気付き，エディプス・コンプレックスの理論の細部を改良することができたのである。

　メラニーは，権威ある理論に対して，違うやり方で異議を唱えた。エディプス・コンプレックスが始まるのは，性器期（３歳以降）ではなく，それより前だと主張したのである。そして超自我は，エディプス・コンプレックスからできるのではなく，それより先に生じている，と主張した。

精神病性障害に取り組む：ディックの症例

　メラニー・クラインは野心的にも主要な精神疾患——統合失調症と躁うつ病——の精神分析という難題に取り組み始めた。特に統合失調症では，象徴化がひどく障害を受ける。このことは4歳のディックの症例で明らかだ。今日なら自閉症と診断されるディックとの分析は，1929年に始まった。彼の発達は18カ月の赤ん坊の水準に留まっていた。

彼は意味のない音を発していたが，ときどき，数個の単語を間違って使うこともあった。理解されたいと思っているようには見えなかった。

彼は遊ばず，目的もなく分析室を走り回った。

　彼が人生において唯一関心を向けたのは，列車と駅，そしてドアと取っ手だった。これだけが，彼が遊ぶときの未発達な象徴だった。

しかし最初の分析セッションで，ディックは解釈に反応を示し始めた。これによってクラインは，象徴性のある真の世界——つまり生きていること——が，精神分析による理解によって豊かになると確信した。ディックが遊ぶためのおもちゃをメラニーが取り出すと，彼はちらりと見たが，何の関心も示さなかった。関心を引き付けるため，メラニーは汽車を選び出した。それが彼の興味を引くおもちゃであることを，メラニーは知っていたからだ。

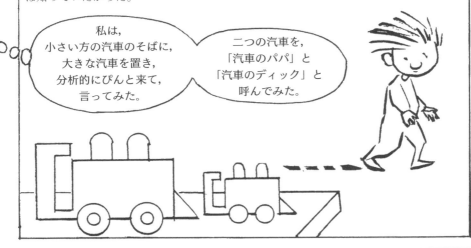

私は，小さい方の汽車のそばに，大きな汽車を置き，分析的にぴんと来て，言ってみた。

二つの汽車を，「汽車のパパ」と「汽車のディック」と呼んでみた。

彼は汽車の「ディック」を取って，窓に向かって転がした。

えき。

駅はママ。ディックはママの中へ入っていく。

すると彼は汽車を置いて，建物の外に通じるドアと，この部屋のドアとの間の場所に駆け込んだ。そこは真っ暗だった。そこに閉じ込もり，「まっくら」と言った。

まっくら。

真っ暗で空っぽな内部空間の中に対象が入っていくという考えは，ディックの汽車と
ドアへの強迫と結び付いているようだった。ドアとドアの間の真っ暗な場所に彼が駆け
込んでは飛び出すのを繰り返しているとき，メラニーは言った……。

ママの中は真っ暗。
ディックは真っ暗な
ママの中に
いる。

うばは？

　彼女がこう言うと，彼は「うばは？」と訊いた。メラニーは，乳母はすぐ来ると言っ
て，ディックを安心させた。ディックは，こうしたことを繰り返して，乳母のところに
ちゃんと戻った。

セッションの一連の流れは，どうだったのか。初めは無関心だったのが，汽車で遊んだ。そして僅かな進展が起きた。乳母への不安を彼が感じて，実際に分析家と少し関わったのだ。

その後の
セッションで，
この不安はもっと
明確になった。

彼は，不安を表現できる方向に，いや，むしろ不安を感じられる方向に，僅かに進んだ。これは自分の分析技法の力を示している，とクラインは考えた。ディックの分析は（第二次世界大戦による中断はあったが），20年ほど続いた。彼は最終的に，十分に普通の暮らしを送れるようになった。

空っぽな空間

　ディックの分析が始まったのと同じ年の 1929 年，メラニーはある女性の伝記に心を打たれた。この女性にはうつ病の発作があった。

私の中には，空っぽな空間がある。私が決して満たすことのできない空間が。

　この女性は高い芸術的感性があった。それなのに，まったく絵が描けなかった。ある日，一枚の大切な芸術家の絵が家の壁から取り去られて，口を大きく開けた穴ができた——突然，それは彼女の中の穴を意味するものになった。

すると，ある種の哀しみが感じられた。それは馴染みがあり，心の動かない哀しみ
だった。それでも夫の励ましも感じ，彼女は一日中，絵の具を持ち，へとへとになるま
で，壁を塗りたくった。帰宅した夫は，驚いた。見事な作品が壁にあったからだ。その
後，実際に彼女は絵を描き，それを出品し，芸術家として賞賛を受けた。

空間を象徴で満たす

　ディックは真っ暗な何もない空間に退避した。芸術家の卵は，壁に開いた空っぽの穴に取り憑かれた。どちらも当時のメラニー・クラインにとって重要な意味を持っていた。それらが女の子が内部空間――そこには赤ん坊がおり，だから戦場になる――を空想しているというメラニーの初期の考えに関連した症例だったからである。

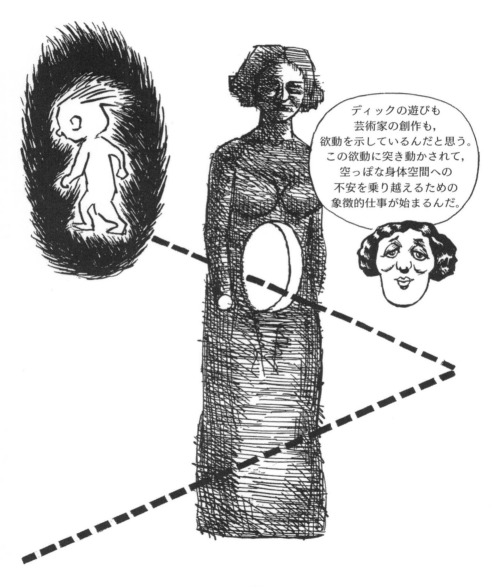

ディックの遊びも
芸術家の創作も，
欲動を示しているんだと思う。
この欲動に突き動かされて，
空っぽな身体空間への
不安を乗り越えるための
象徴的仕事が始まるんだ。

ジョンの症例

　この頃の症例をもう一つ見よう。7歳のジョンは学習障害だった。いつも，フランス語の単語，poulet（ひな鳥），poisson（魚），glace（氷）を間違えるのだ。メラニーは単語に関する連想を彼に促し，三つのもの——ひな鳥，魚，氷——について絵を描かせた。その後で，彼は夢を見た。魚介類が出てきたが，それはカニだった。ジョンは桟橋に立っていた。母親とよく出掛ける場所だ。彼は，巨大なカニを殺さなくてはいけなかった。カニが海面から姿を現し襲いかかってくるのである。

カニは殺せば殺すほど，さらに襲いかかってきた。彼は一匹残らず殺さなくてはいけなかった。なぜなら，カニは世界全体を殺すからである。カニはとりわけ，水中にある何かに入りたがっていた。それは家みたいだし，骨付きの肉の切り身みたいでもあった。

お肉もおうちも，
お母さんの体で，
それを危険なお父さんが
攻撃している。

——カニは，
お父さんのおちんちんで，
あなたをずっとおどかし
つづけている——

だから，
どんどん
出てくる。

この解釈の力で子どもは分析
作業に協力するようになった。

このような臨床素材は，学ぶことと象徴（フランス語の単語）の使用とが妨害されていることを示しているが，それは不安から生じている。非常に原初的な空想にまつわる不安だが，この空想は精神分析的に理解されるものなのである。ジョンはディックほど障害の程度は重くなかったが，やはりその発達は，穴としての空間にまつわる不安によって妨げられていた。この不安が強すぎなければ，発達していく中で，穴は象徴で満たされるだろう。

　このように患者の空想と象徴，発達を非常に緻密に理解していったことで，精神病患者への関心が増していった。さらに言えば，メラニー・クラインは心の最も原初的な部分を探求する冒険的な指導者になった。多くの若い精神科医が好奇心をかき立てられ，メラニーの個人分析を求めるようになった。

クリフォード・スコットはカナダから
メラニー・クラインを訪ねてきた。
ポーラ・ハイマンとハーバート・ロー
ゼンフェルドはドイツを去り、クライ
ンのもとにやってきた。英国の分析家
も、ジョアン・リビエールやドナルド・
ウィニコット、スーザン・アイザック
ス、ロジャー・マニーーカイルなど大
勢が、メラニーの描き出した精緻な
子どもの発達に感銘を受け、
好奇心を掻き立てられた。

Paula Heimann

Herbert Rosenfeld

Roger MONEY-KYRLE

この頃までに，メラニーは大人の精神分析をよくするようになっていた。重要な美術批評家であるエイドリアン・ストークスは，そういう患者の一人だった。彼は，象徴化と美的創造性に関するメラニーの仕事に惹きつけられたのである。

メラニー・クライン門下（フォロワー）の中で，最も興味深い者の一人は，メラニーの長子のメリッタだった。メリッタはクラインに分析を受けた最初の一人であり，それは子どもの頃。実際にメリッタは大変な不安を抱えた女性で，精神病性障害に苦しんでいたことが示唆されている。

susan isaacs

donald winnico++

Clifford Scott

Joan Riviere

メラニー・クラインは，精神分析臨床の研究者として，英国精神分析協会の先頭を走っていた。一方，ヨーロッパ大陸の精神分析は，ナチス・ドイツが大陸を占領し，「ユダヤ人の科学」を一掃したとき，壊滅的な崩壊を迎えようとしていた。

メラニー・クラインに敵対しているヨーロッパの分析家は命を狙われていた。このときメラニーの業績は極に達した。1935年に極めて大きな理論的貢献を初めて成し遂げたのである。この理論によって、クライン派の精神分析家の視点には、他の分析家のそれと明確な違いが生まれた。「**抑うつポジション**」と呼ばれる理論的前進である。

抑うつポジション

　メラニーが「抑うつポジション」という言葉を用いたのは、フロイトならびに彼女自身の分析家であるアブラハムへの敬意からだった。二人は、この仕事の先駆者だったのである。

> 二人とも、
> **うつ病の精神医学的状態にも、**
> うつ病が正常の喪の頓挫のように
> 見えることにも、
> 関心を向けていたから。

> 喪は、
> 失われた人とのつながりを
> ゆっくり切断する中で
> 生じる。

　いわば、一つ一つの記憶がよみがえり、その一つ一つが「心の仕事」を求めてくるようなものだ。その人は死んでしまったと、その都度、思い知らされるのである——愛した人のかつての手紙や服、持ち物を棄てなくてはならないかのように。

> このような内的で精神的な
> 仕事には長い時間がかかる。
> だが最終的には
> 新しい対象と関心を見出す。
> それに、警戒しつつではあるが
> 近付いていくことで、徐々に
> 過去から解放されていく。

喪とメランコリー

　しかしフロイトは，ことは上手くは運ばないと言った。身動きできず，新しい対象へ
近付くことができないかもしれないのである。

こうなるのは，
その人を愛しているのに，
同時にその人を異常なほど
攻撃しているからである。

この場合，死んだ人は
自我の「中へ取り入れ」られている。
重要な意味を持つのは，
主体が，失われた人になっている，
ということだ。

　これが起きるとき，かつては対象が受け取っていた攻撃と罰を，今度は自我が受け取
ることになるのである。これは重症の自己懲罰的抑うつ状態であり，フロイトには**メラ
ンコリー**という名で知られていた。

失われた対象の運命

　対象の運命——棄てられるのか，内在化されるのか——に注目することは，硬直した
リビドー理論の方向性から離れる一例である。こうして，対象関係という別個の理論へ
の道が開けた。その後，カール・アブラハムは，この考えを発展させ，対象の運命を主
体が心配する経験を強調した。

メラニーが喪とうつに関心を持ったことは，驚くに値しない。彼女自身が何度もうつになっているのだから。うつは多くの場合，彼女の重大な喪失に結びついていた。32歳になる1914年までに，姉と父，兄，さらに母を失った。メラニーの分析家は，彼女を分析している最中，1925年に突然死んだ。さらに悲惨なことに，息子のハンスが1934年，登山中に事故死した。これが自殺だと思う者は多かったのである。まず間違いなく，うつの病歴によってメラニーの子どもを育てる能力は甚大な影響を被っただろう。実際，うつのために，メラニーは赤ん坊のメリッタを18カ月間，置き去りにしてしまったのだから。

喪失と創造性

　メラニーは,精神分析とその研究を生涯の仕事にしようと決意した。喪失に打ちのめされた自分の中の穴を解決する一つの生き方として,この決意は強固なものになっていったのだろう。

精神分析こそが,
心の穴を満たしてくれる
対象になった。

　悲惨な経験を創造的な発達の機会に転換できるメラニーの復活の力(レジリエンス)には,感嘆する他ない。その一方で,自分自身への洞察がメラニーの概念の発達に非常に大きな役割を果たしていたのだとわかる。

ポジションというクラインの考え

　メラニー・クラインは,「ポジション」という概念を導入した。彼女がこの用語を使ったのは, 対象に対しての位置を言うためだった。あるポジション(ポジション)には, それ特有の不安と防衛, 空想がある。この用語は, しばしば人を当惑させる。

段階(フェイズ)という用語は
あまり納得のいくものではない。
なぜなら, 私はフロイトが説明した段階
——口唇期, 肛門期, 性器期など——を
取り替えるつもりはないから。

ORAL
ANAL
GENITAL

事実, 当時ちょっとでもフロイトの言うことを
破棄したら思考を欠いているとなっただろう。

結局,
それがユングの
やったことだ。

抑うつポジションを理解する

　メラニーは，自分が心の中の——無意識の——まったく別の水準を記述していると考えていた。確かにフロイトはリビドーの段階を記述し，各々の段階に特有の不安があるとした。しかし，これは神経症水準の人間の経験だった。

これらの背後には
（というより，下には），
神経症水準とは異なる心の領域が
ある。そこは私が「精神病的不安」と
呼ぶものに支配されている。

　この領域は，もっと原初的だし，もっと乳児的である。フロイトが大人の中の子どもを発見したのだとすると，子どもの中の乳児を自分は発見したのだとクラインは思った。

このように心の根底にある不安は，後の成長段階でも消えるわけではなく，神経症とは異なる心の水準で，それとは異なる方法によって処理されるしかない。

赤ん坊が子どもへと
成長するにつれ，
神経症的機制が表に
出てきて，「精神病的」
機制を目立たなくさせるが，
それは決して
消えることはない。

メラニーは自らの意図するところを注意深く，そして徹底して説明しようと苦心した。私たちは，それがたとえ複雑でも，ついていかなくてはならない。

クラインの言う「精神病」とは？

　結果として，人々は，メラニー・クラインは赤ん坊が「精神病」だと言っている，と考えた。しかし彼女はそういうつもりはなかった。メラニーの言う「精神病」は，私たち全員の中に存在している不安が原因となって，特有の困難が生じる人がいる――この人は結局，何らかの理由で異常な発達をたどり，精神医学的な病気になってしまう――ことを意味するものだった。もっとも，普通の発達過程を表す用語として精神医学の診断名を採用したのは，不適切だった。

私の抑うつポジションは，うつ病という精神疾患と，部分的に関連しているに過ぎない。

　抑うつポジションの中核にある不安――抑うつ不安という――によって狂気――躁うつ病――に陥る人もいれば，もっと正常な発達段階に向かっていける人もいる。メラニーはそう考えた。
　うつ病自体は，抑うつポジションがうまくいかないときに――葛藤が十分に解決されず，深刻な圧力がパーソナリティの根底に無意識のまま残っているときに――生じる病気だと考えることができる。

抑うつポジションは通常，正常というにふさわしい心の状態になる。もっともそれは喪のように，相当な痛みを伴う心の状態だ。メラニー・クラインは一度は，ありふれた経験を扱おうと，抑うつポジションより生々しい「思い焦がれ」という用語を持ち込もうとしたが，これは広まらなかった。メラニーは，生きることの目標が幸福だとは——あるいはフロイトの述べた快だとも——考えなかった。

それとは違う
大切な満足がある。
そこには,
葛藤を解決しようと
奮闘することで
満足する経験が
含まれている。

では，抑うつポジションとは何か？

　再びカール・アブラハムとの関連に戻ろう。躁うつ病患者は，物事を自分の内側に取り込むこと——その典型は，それを食べること——にどれほど没頭してしまうものなのか。その現象にアブラハムは気付いていた。これは夢や空想の中で起こりうる。そして精神病患者だと，いろんな奇怪な対象を本当に食べてしまうことで実行することさえある。その中には，糞便もある。糞便は，まさに失われた何かを意味しているのだから！

私の患者の
一人を紹介しよう。
この患者は若い女性と
婚約した。

婚約したのに，
彼女を拒絶する
気持ちが出てきた。

そのとき，彼は
抑うつと妄想の病に
倒れた。

　回復すると，婚約者との関係は改善した。すると前より酷い病気の再発が起き，彼女を拒絶してしまった。その最中に，ある症状が出た——肛門を固く締めるようになったのだ。まるで大便に身体ごと「しがみついている」ようだった。これは，もう一度失ってしまいそうな対象を，その寸前で自分の内側に持ち続けようとする試みだったのだ。

数日後，彼は分析家に，この症状は別の症状に変わった，と語った。

通りを歩いていたら，
急にそこら辺に落ちている
糞便の端くれを食べている
空想が湧いたんです。

ここにも
身体で表現された何かがある。
つまり，まるで排泄物のように
自分の気持ちの外側に棄ててしまった
対象を，患者が取り戻そうとする
痛々しい願望が表現されている
のである。

　アブラハムはこう言った。「心の最も
深い層だと，対象を失うことは肛門の
作用になり，対象を摂取することは口
唇の作用になる。我々は，こういう理
論を確証した」と。

自分の内側に入れる：摂取（とり入れ）

フロイトはこの考えを発展させ，愛する人がもはや自分の内側にいるときに，それはどのように実際の自己同一性（アイデンティティ）の一部になるのか——どのように自分というものを見るのか——を説明した。

内側に入れた人物の特徴は，実際に外側に出ているものである。

私も，父が死んだときに気づいたのだ。自分が白髪になっていることを。

自分自身を実際に認識する仕方は，愛する者の死によって，根本的に見直される。すると，失われた父の容貌に似てくるのである。

超自我のタイミング

　フロイトの考えでは，正常な発達では 3，4 歳頃に両親を性的対象にするのを諦める。両親を内在化することによって，子どもはこの発達をなすのだ。その後，内在化された両親は子どものパーソナリティにおいて，実在性のある一部，すなわち「超自我」になって，いわば内側から子どもを世話する。

最初，
私はこれを
同一化と呼んだ。

私は
摂取と呼んだ。

メラニー・クラインはフロイトの考えを発展させたが，あまりに違っていたので混乱を招いた。

私は，
フロイトの語る子どもよりも小さい子どもと分析作業をしてきた。
それによって，
驚くべきことが分かった。
子どもは，フロイトが定めた時期よりずっと前に，
超自我に心を占拠されているみたいなのだ。

メラニーは，両親の内在化の時期を，3 歳の性器期よりずっと前に置いた。

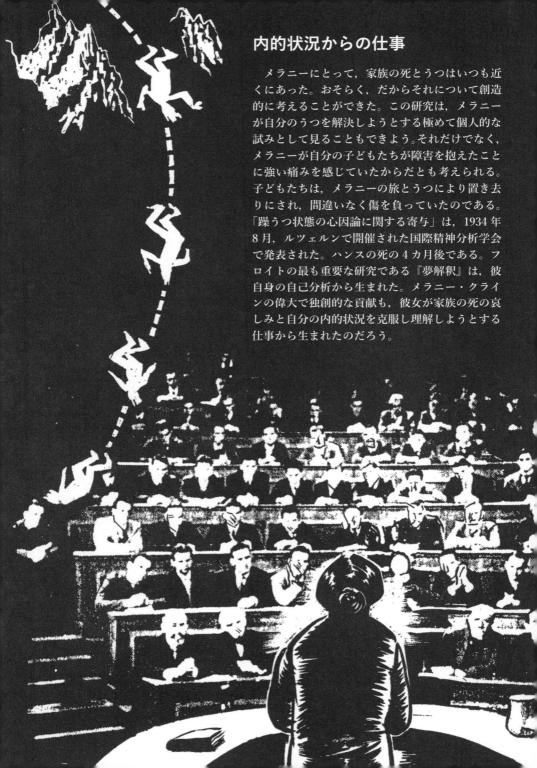

内的状況からの仕事

　メラニーにとって，家族の死とうつはいつも近くにあった。おそらく，だからそれについて創造的に考えることができた。この研究は，メラニーが自分のうつを解決しようとする極めて個人的な試みとして見ることもできよう。それだけでなく，メラニーが自分の子どもたちが障害を抱えたことに強い痛みを感じていたからだとも考えられる。子どもたちは，メラニーの旅とうつにより置き去りにされ，間違いなく傷を負っていたのである。「躁うつ状態の心因論に関する寄与」は，1934年8月，ルツェルンで開催された国際精神分析学会で発表された。ハンスの死の4カ月後である。フロイトの最も重要な研究である『夢解釈』は，彼自身の自己分析から生まれた。メラニー・クラインの偉大で独創的な貢献も，彼女が家族の死の哀しみと自分の内的状況を克服し理解しようとする仕事から生まれたのだろう。

内的対象

　メラニー・クラインならではの内的世界の理解は，桁外れに深かったが，人々を困惑させた。彼女は，摂取された人物たちと非常に豊かに生きている内的世界を発見したのだった。それは，子どもが自分の内側にいる人たちと遊んでいるかのようだ。子どもがおもちゃで遊んでいるときとちょうど同じである。不安ではあっても，創意に富むと，子どもは安心する。

対象がいる内的世界は
大人の中でも続いていると
確かめることができた。
非常にわかりやすいのは
精神障害の患者だが，
しかし無意識の深層では，
私たちすべてが
そうなのだ。

　抑うつポジションは，こうした内的対象への心配を意味している。だから，アブラハムとフロイトを超える重要な進展なのである。彼ら二人は，非常に身体的な言葉でいつも表現しておきながら，外的対象との関係を描いていた。「内的対象」とはどういう考えか。1934年から精神分析協会の誰もが，この問いを口にするようになった。

内的対象の症例

　メラニー・クラインの大人の患者の中に，いろんな身体の部位の不調を訴える患者がいた。彼は，どんな薬を飲んだか説明した——胸，喉，鼻，耳，腸などのために，何を飲んだか列挙していったのである。まるで，自分の身体と器官を看病しているようだった。

　私が世話している若者たち（私は教師だ）のことも心配です。家族の中にも心配な者がいます。

　自分の身体内部の対象（器官）を心配する態度は，外的対象（生徒と家族）を心配する関係の中に，映し出されている。

　彼は，こうした身体内部の器官に，まるで実際の人間に対するように関わっていた。しかし，この人間は彼の内側にいたのだ。彼は，治療を試みているいろんな器官を，内在化した兄弟姉妹に結び付けて考えた。きょうだいを心配し，罪悪感を感じた。彼には，永久にきょうだいを生かし続けておく必要があったのである。

内的人物へのこの感覚は，身体器官と同じように彼が愛している外的人物——彼の家族——との結び付きを通じて，強く伝えられるのである。

内的対象（器官と身体部位）は，内側にいる実在の小さな人たちとして非常に具象的に経験されている。だから内的対象は，病気の家族であるかのように，身体的に世話されているのである。

　この経験は意識的なものではなく，実際，意識から遠ざけられたままである。生きている対象を内側で経験するとは奇妙な話だが，しかしこんな慣用句を使うこともあるではないか。胃の中のチョウ（〔訳注〕butterflies in the stomach；緊張でソワソワする意）とか，喉の中のカエル（〔訳注〕a frog in the throat；声が涸れるの意）とか。実際に病んだり怪我をした自分の身体部位に対して，私たちはだいたい気を病んだり，それを世話するかのように関わる。足を打撲し怪我をしたら，「足が悪い」と言うだろう——「私が悪い」ではなく——。内的対象には，こうした「他者性」（もっと正確に言えば，所属メンバーとしての他者）がある。

もう一つの症例：無意識的空想

また別の大人の患者だが，彼は身体の中に回虫の姿をしたエイリアンがいると感じていた。

10歳の頃，胃の中に一人の小さな男がいる感じがした。こいつが私を操り，命令してきて，それに従わなければならないって感じていた。

父から頼みごとをされるときにも，これと似たような感じがしていた。

大人になって経験している回虫は，子どもの頃と同じように何か悪いものが内側に存在していることを別の形で表現している。それは「内的父親」だと言えるだろう。

この種の動きが内側にあるとき，それは「無意識的空想」unconscious phantasy として知られている。このような空想はとても暴力的で攻撃的なものが多く，普通の白昼夢や，「f」で綴る fantasy（空想）とは違うものだ。

当初，メラニー・クラインは，幼い患者が見せる激しい攻撃性にとても動揺した。多くの子どもの遊びには喜びがなく，子どもたちは恐ろしい暴力的状況を何とかしようと躍起になっているように見えたのだ。彼女は，この状況を「妄想ポジション」と呼んだ。しかし，これは攻撃性が子どもの内側に存在することを表しているのだとメラニーが気付いたとき，彼女には理解できたのである。つまり，内的対象だけでなく，自分自身に対しても，子どもがいかに深刻な危険性を感じているのか，ということを。

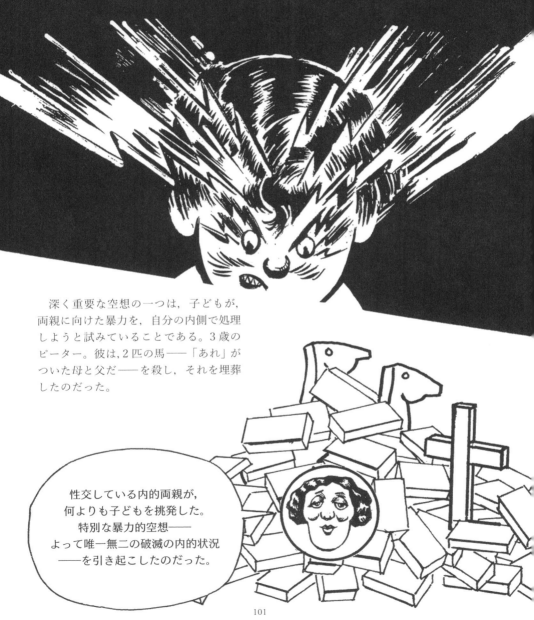

深く重要な空想の一つは，子どもが，両親に向けた暴力を，自分の内側で処理しようと試みていることである。3歳のピーター。彼は，2匹の馬──「あれ」がついた母と父だ──を殺し，それを埋葬したのだった。

性交している内的両親が，何よりも子どもを挑発した。特別な暴力的空想──よって唯一無二の破滅の内的状況──を引き起こしたのだった。

結合両親像

　内的に活動している母親と父親は，「結合両親像」と呼ばれる。性交している両親という考えは，フロイトによるエディプス・コンプレックスの描写と大いに関連性がある。しかし，結合両親像はとても原初的で，実際の両親とはほとんど関係ない——それはどこかの内的空間で劇(ドラマ)として驚くほどに進行している。

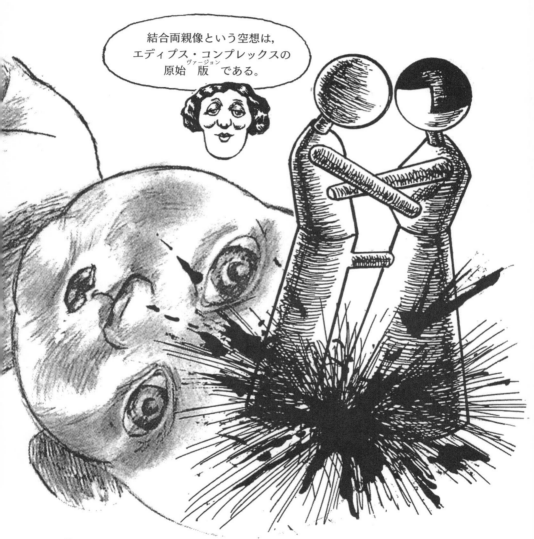

　後になってやっと，結合両親像という空想は，実在の両親とのエディプス関係というフロイトの古典的な考えに進化するが，これは結合両親像とは違って，もっと成熟した心の水準の話である。

子どもは両親を愛してもいる。だから、両親への心配が頂点に達すると、両親への憎しみの現実化が阻まれる。両親に向ける暴力は、両親が内側で性交していると子どもが経験するにつれて、増大していく。内的状況の危険度は、膨れ上がる——暴力をこらえようとし、愛する両親を不安に思う——。こうして、幼い子どもは危機に陥るのである。

この危機を、
抑うつポジションという。

特に苦しいのは、愛と憎しみの統合である——一方には暴力があり、もう一方には、心配が生まれる——。こうして、子どもが打ちのめされる内的状況が作られるのである。この空想の原初的性質によって、「抑うつ不安」が構成される。それは子どもの発達のきわめて早期の起源を示唆している。これは実際には生後1年間の経験だとメラニー・クラインは推測した。

内的なものの外在化

　子どもは，愛する両親を心配している。だから，この状況を何とかしようと懸命に努力する。子どもがすがる手だては，外的対象を使って，この状況を解決しようとすることである。つまり，内的対象（両親という人物）を，外の世界へと外在化する。あるいは，「投影する」。言い換えれば，子どもは両親という人物の中に，内的対象を実際に見る。このとき，子どもの空想のほとんどは，両親を通じて実現される。

子どもが暴力で
両親に実際に危害を
加えてしまったと感じるなら，
弱く傷ついた両親を
実際に見るかもしれない。

しかし，無傷であったり，
暴力には暴力で
報復してくる両親を見るならば，
自分を脅かす危険性を秘めた両親が
子どもの前に現れるだろう……

……外的状況は，
そのとき，破局的だ。

　しかし外界の危険は，内的状況の危険に比べると，回避するのが容易だろう。自分を助けてくれる対象を，両親とは別に得られるかもしれないのだから。

償い

　子どもは，暴力的な空想に反応している。その中で最も重要な反応の一つは，自分が与えてしまった傷を治そうと試みることである。メラニー・クラインは，「償い」の過程は子どもの発達において根幹をなすと考えた。一つの例は，あの芸術家である。彼女は，絵がなくなった後に壁にできた穴を，「塞いだ」のだった（72–74 頁を参照）。

　これらの例では，償いは外的対象に向けられているが，この外的対象は，傷を負った内側の対象の象徴なのである。外的対象はひとたび修復されると，傷が癒えた内的対象として内在化しうる。

償いは，憎しみに打ち勝つために，対象を愛する陽性感情を使えるようにする試みである。したがって，両親が生き残る条件であれば何であれ，彼らを救おうとする試みなのである。

　そうした愛を高めるために，子どもに早くも性愛感情が湧くことはよくある話だ。子どもに早過ぎる性的関心や，延々と続く好色な行動様式が生じるのは，危機に直面しているからである。

　内的対象はパーソナリティの中核を作り上げる。内側に存在する重要な対象が悪い対象だと確信されたら，内的状況は不安で満たされ，情緒も精神も障害から逃れられないだろう——内側に虫がいると考えた男のように（100頁を参照）。

内側にいる良い対象：リチャードの反応

　しかし，子どもは良い対象を摂取するかもしれない。つまり，内側に良い性質の対象を感じるのである。この対象は，その子を愛してくれる。守り，助け，支えたいと思ってくれる。それによって，子どもは幸福を内側の深いところで感じられる。

　10歳のリチャードの例を見よう。セッションをメラニー・クラインがキャンセルしたことがあった。次のセッションで，リチャードはプレイルームに行く途中でクラインに会い，喜んだ。彼女が鍵を持っていたからだ。キャンセルされた昨日のセッションは，プレイルームが二度と使えないかもしれないことを意味していると，リチャードには思われたのである。

　メラニーの解釈で，リチャードは以前の出来事を思い出した。あるセッションがキャンセルされて，棄てられた車の夢を見たときのことを。あのとき，彼は電気ストーブをつけたり消したりして（生気が吹き込まれたり，命が消えかけたりしているようだ），クライン先生とママが死にそうだという恐怖を表現したものだ。リチャードはおもちゃで遊ぶのをやめ，彼女をじっと見た。小声で，堅く信じた様子で言った。

　彼は言い足した。クライン先生はとても親切だ。嫌なときもあるけれど，助けてくれるんだ，と。助けてくれるとどうしてわかったのか，彼は言えなかった。しかし，そう感じていた。

リチャードの心を打つ反応は，心の幸福を深く感じる経験がいかにして彼に回帰したのかを示してくれている。彼は，それを自分の一部として獲得していたから，それは一生の友達になったのである。それに続く遊びは，さらに楽しく，生きていて，創意に富んでいた。内的対象の存在は，リチャードがそうだったように，自己との関係にとって，きわめて重要な基礎を作る。この場合は，それは良い性質のものである。

内側で幸福感を与えてくれている良い存在に同一化しているって彼は感じている。

でも，リチャードの感覚は脆い。プレイルーム（つまりクライン先生）みたいな外的事物を一日でも失うと，一生消えない喪失感と危険を心の中で経験して脅かされてしまう。

内的対象との同一化は常に変化している。それは，実際の外的対象が持っている非常に大きな影響力，すなわち，その態度や在‐不在によって決まるところがある。

現実を受け入れる

外的対象が持つ決定的な側面の一つは，子どもを理解する能力，中でも（逆説的でさえあるが），まさに最も悪い感情を理解する能力である。一般的な想定とは違い，死と傷付いた対象に穏やかに触れる能力を持つ大人と両親は，希望を甦らせることができるし，患者に以前よりも生きている実感をもたらすことができるのである。患者は恐らく生きているから悲しくもあるのだが，しかし一人だけで心配しなくてもいい。

抑うつポジションの開始は，子どもが以前よりも現実的に，他者に向けている複雑な感情——怒りだけでなく良心の呵責も——を正しく理解できるときである。

メラニー・クラインは次のように主張した。対象への心配と複雑な感情とを経験できるかどうかは，自分のことを愛してくれる良い対象——これが十分に幸福な状態を作ってくれる——を内在化する過程にほぼ掛かっている，と。

リチャードがそうだったように，良い内的対象を安全に所有していると感じられれば（彼は永遠にそう思っていた），精神的負荷を被っても，内的対象が力強い支えと信頼とを与えてくれる。

対象に同情し始めるにつれて，乳児は自己中心的ではなくなっていく。しかし，この
とき，乳児は危険にさらされている。欲求不満と怒りが高まるごとに，愛する対象を傷
付けてしまうのではないかと恐れるようになるからだ。ここで外的対象が実在している
ことが，とても重要なのである。

　乳児の憎しみと怒りは，乳児の愛によって，対象への心配と良心の呵責に変化する。
その際に，対象を修復できるかもしれない。対象が暴力の危機を生き延びることで乳児
が今までにない安心を感じられたなら，これまで以上に外的対象を自分と分離しておく
ことができる。対象を支配する必要がなくなり，万能感は減少するのだ。

抑うつポジションの痛み

　心配と哀しみは，抑うつポジションに典型的なもので，強い痛みを伴う人間的な感情である。メラニー・クラインは，愛する対象が苦しんだり，失われたときに，この対象に向ける「思い焦がれ」について語っている。息子ハンスの突然の死で一番強い心の痛みを経験しているときに，1934年の論文が書かれている。この痛みはすぐ消えるものではなかった。その次の論文が，1938年10月の精神分析学会で発表された「喪とその躁うつ状態との関係」である。これは，メラニーによる内的世界の記述がよくわからない同僚の分析家が多かったために，抑うつポジションをもっと明確に説明しようと書かれたものだ。しかし，おそらくこの論文は，長きにわたる息子の死のワークスルーの一部でもある。論文の中には，息子を失った母親の死別経験が詳細に記されている——これはもちろん，メラニーである。息子を亡くした母親の心の状態と夢とが，20歳のときの兄（メラニーが尊敬するエマニュエル）の死とも結び付けられている。

迫害的罪悪感

　多くの場合，抑うつポジションの痛みは耐えがたい。この事態を，メラニーは一種の迫害的罪悪感として描写した。必ず罰せられ，許されることがないのである。このとき，躁状態になる者がいるかもしれない。この状態は，思い焦がれに対する防衛の一形態である。対象が必要だと感じることを拒絶することで，思い焦がれを取り除くのである。

失われた人は
取るに足りない。
だから大した喪失
なんかじゃない！

こういう心の状態は，
対象への依存や希求に対する
勝利感だ。中でも，感情を伴う
対象希求に対する勝利感だ。
こんな状態は，発達早期の
「万能感」の残滓である。

罪悪感に耐えられないとき，
そこから逃げるための別のやり方が
ある。妄想状態に入ることだ。

　これは，哀しみと思い焦がれがいかに苦痛なのか，ということを示している――それに比べたら，迫害されている方が，まだましなのだから！　メラニーは，自分が分析した子どもが皆，異常な恐怖と暴力を経験していることに，驚いた。元々はメラニーはこれを「妄想ポジション」と名付けたのである。

投影と摂取

　夜驚の子どもは，メラニーの考えによると，ある確信に取り憑かれることで，パニックを起こしている。それは，何か非常に邪悪なものが，とりわけ自分の内側から襲ってくる，という確信である。癇癪とは，戦うべき恐ろしい敵が子どもの外側にいるという意味では，こうした異常な恐怖の発展型なのである。「投影」という作用によって，攻撃性の原因を自己の内側から外側へと転移できるのだ。罪悪感が被迫害的であるときには，投影が働いている。この場合，自分に抗議してくる傷ついた人物や死者が外的世界に創り出され，彼らが脅かし迫害してくるのである。

　リチャードの症例では，とても良い性質のものが外側から内側へどのように移動しうるものなのかを見た。死んでいない良い分析家が，幸福な良い内的状況になっていた。これを，「摂取」と呼ぶ。

「摂取」と相補的なのは，内側に何か危険なものがあると感じるときに，それを外側へと移動させるやり方である——「投影」という作用だ。するとそれは不当に非難し罰を下す邪悪な者——『ベニスの商人』のシャイロック——として扱うことができる。邪悪な者は，恐怖症のように回避される。あるいは，さまざまな犯罪行為のように，尊重などすべきでない罪人そのものとされる。抑うつポジションの痛みが，外からの迫害として作り直されると，外的世界に存在する邪悪な者を自分が逆に非難してやることで，それは処理されてしまうのである。

115

精神分析協会でのトラブル

　　ハンスと死別した 1934 年，メラニー・クラインは，自身とその仕事を攻撃されること
になり，それはしばらく止まなかった。業績への批判は，これまでも何度も経験してい
た。しかし，それはヨーロッパ大陸の分析家——ベルリン時代はベルリンの分析家，続
いてウィーンのアンナ・フロイト——によるものだった。それが 1934 年以降，英国精
神分析協会の中で敵意がメラニーに集中するようになったのである。

　　先導したのは，娘のメリッタ——結婚してメリッタ・シュミデバークになっていた——
だった。彼女は，子どもの頃にメラニー・クラインその人から「分析を受けた」。その
後，二人の分析家と分析経験を持ったが，さらに三人目の分析家との分析を開始した。
それが**エドワード・グラバー**（1888–1972）である。彼はアーネスト・ジョーンズに近
しい分析家で，英国精神分析協会の最年長の会員の一人だった。

グラバーは当時，英国精神分析協会の学術部門で幹事を務めていて，後には国際精神分析協会で同職に就くことになる。彼は，新しい被分析者（アナライザンド）のメリッタと一緒になって，メラニーに敵意を向け攻撃した。英国精神分析協会の会議は，メリッタが母親をやじり飛ばすので，しょっちゅう中断した。

クラインとその仲間たちにとっては，訓練も学術集会も，精神分析さえも，党派的な目的で行われている。

メリッタとグラバーの二人は，変わってしまった。「私たちは，科学的な議論は狂信者への対処法としては相応しくないと考え，それを諦めた。だから，権力政治に参加することになったのだ」

自分のことのように娘の仕事を懸命に後押ししたのに，娘から撲滅運動のような攻撃を受け，メラニーがどれほど当惑したか。想像する以外にない。メリッタの分析家であるグラバーが，彼女と共謀して，メラニーの仕事の信用を傷つけたのである。読者は，彼の行為はおかしいと感じるにちがいない。精神分析の歴史は，近親者や知り合いを分析することが生んだ危険な実話だらけである。とは言っても，精神分析の団体の中にいたら，誰と誰が分析関係にあるのかを，別の状況に身を置いて知らないようにすることなど，不可能だ。

　メラニー・クラインの独立心は，1930年代に旺盛になった。対照的に，ヨーロッパ大陸の分析家たち——そのほとんどがドイツ語圏の者だ——は，半世紀にわたってすでに成し遂げられた精神分析の発展を祖述することに熱中していた。しかし，それは続かなかった。ナチスの侵略によって大陸の精神分析は事実上，根絶やしにされてしまったのだ。フロイト一家は1938年にロンドンに逃れ——その地で，古典的な精神分析を再興することになる。

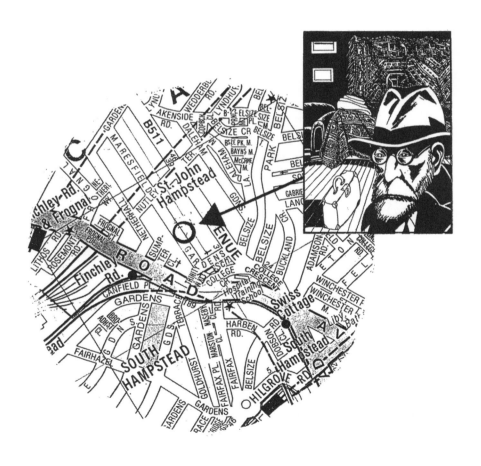

ウィーンから逃れてきたフロイトとその家族と仲間に屋根を与えることには，メラニー・クラインは心に引っ掛かる複雑な不安を感じていた。自分の仕事が危険に晒されると思ったのである。

　フロイトその人は，1939年に死んだ。故国を追われたウィーンの人々は，娘のアンナに導かれ，フロイトの精神分析を強固なものにしようと，さらに懸命になった。それに続いて起きたのは，激しい闘争である。英国の精神分析ならではの性質を維持しようとする勢力と，フロイトの古典的なやり方で一つになろうとする勢力のあいだでの闘争だった。オーストリアはナチスに占領され，アンナ・フロイトは英国による救出に感謝しながらも，考えが一致しないことに腹立ち，不愉快な思いだった。

何とか，
身じろぎもせずに
丁重に振る舞えた。

同じように，
精神分析とその技法の問題を，
断固として議論していってやる。
落ち着いて。熱くなるな。

　もっとも，どちらの女性にも，妥協する気はさらさらなかった。どちらもが，すべてを失ってしまうと感じていた。不屈の娘二人に，父親が影響を与えていたのではないか。

三方向への分裂

　どちらも，これ以上は駒は動かせないと合意した。英国精神分析協会は，支持者ごとに分裂し——最終的には，三つの団体が一つの協会の中に収まった。アンナ・フロイトは，英国の精神分析家にフロイトの古典的精神分析への忠誠を誓わせることは叶わなかったが，ウィーンから亡命者の集団を周りに引き留めることで，揺るぎない分析家集団（ここにはジョセフとアン－マリーのサンドラー夫妻がいた）と，アメリカ合衆国からの膨大な資金援助を得ることになった。アンナ自身は医者ではなかったから，アメリカに移住していたら，精神分析ができなかったのである。

メラニー・クラインは，かつて英国の分析家から得ていた熱い支持を失い，追随者は減ってしまった。ジョアン・リヴィエールとポーラ・ハイマン，スーザン・アイザックス以外では，わずかな訓練生，つまりハーバート・ローゼンフェルドとハンナ・シーガル，ウィルフレッド・ビオンくらいしか残らなかった。アンナにもメラニーにもどっちつかずの緩衝地帯のようなところに，後に「独立学派」として知られることになる英国人の集団ができた。シルヴィア・ペインやマジョリー・ブライアリー，ロナルド・フェアベーン，エラ・フリーマン・シャープがそういう人たちだ。ドナルド・ウィニコットとポーラ・ハイマンも結局，クライン派から離脱し独立学派になった。新しい亡命者の中には，特筆すべき分析家としてマイケル・バリントとマイケル・フックスがおり，彼らは重要な独立学派の分析家になった。最終的には，三つ別々の精神分析の訓練が誕生し，三者三様に理論と実践を発展させた。

精神病という病に対するクラインの関心

　おそらく，三つの集団の相違が生じたことで，メラニー・クラインはさらに独創的で冒険的な発展に向かったのだろう。しかし，メラニーの後期の発見の手がかりと前兆は，初期の仕事の中にある——中でも特に，躁うつ病と統合失調症という重い精神疾患に対する関心である——。彼女はたくさんの精神病的な子どもを分析してきた。メラニーの訓練生の中には，クリフォード・スコットとハーバート・ローゼンフェルドのように，医学および精神医学の訓練を受け，英国の精神病院で分析治療を始めた者がいた。彼らの症例に対して，メラニー自身も統合失調症の患者を一人ないしは二人，分析しながら，スーパーヴィジョンしたことで，メラニー・クラインは躁うつ病から統合失調症へと関心を拡げ，この非常に奇妙な内的世界を何とか説明しようとした。しかし，メラニーはすでに，この内的世界への注意を喚起されていたのである。

部分対象

　精神病の研究は,「分　裂^{スプリッティング}」という原初的な防衛機制に向かった。分裂の過程の一つとして,「対象の分　裂^{スプリッティング}」がある。対象の分裂が起きると, 人は対象のパーソナリティの中にある特徴の一つを極端に拡大して経験する。それがあまりに極端なので, それ以外の特徴は覆い隠されてしまう。悪い対象は, 完全に悪い——子どもを殺す意思の塊——と経験される。逆に, 良い対象は完全に良い。それは悪意なく, 子どもに尽くすことだけに関心を持っている。

生においてはどんなものも,
良い悪いが混じり合っているので,
こんな原初的な心だと,
対象を「良い」小片と「悪い」小片
(「部分対象」と呼ぶ)とに分解
してしまうことになる。

悪い乳房

　典型的な例は，赤ん坊だ。空腹で，胃の中に飢餓の痛みを感じている赤ん坊である。本来備わっている言語能力をまだ発揮できない赤ん坊に，このとき，何が起きているのか。

母親がついにはおっぱいをくれるとき，赤ん坊は母親のことを空腹を満たしてくれる人としては経験できず，「悪い」内的対象を投影できる好機として経験するだろう。赤ん坊がおっぱいを吸えないとき，母親の乳房は，悪意の塊となって子どもに怒り噛みつき，その命を狙ってくるものと化しているのである。

乳房による慰めを
一番必要としているときに，
よりによって乳房から──
それが危険な捕食動物であるかのように
──顔を背けてしまう
赤ん坊がいる。

なんかわるいのが，
おなかのなかから，
かみついてる！

自我を分裂させる
スプリット

　分裂に関わる過程において，人は自分自身を分割する。これは，「自我の分裂」と呼
ばれる。自己の側面のうちで，自分のパーソナリティとまったく違うものであるかのよ
うに分離され，消し去られる側面があるのだ。人はしばしば，自分の中に攻撃性が存在
している事実を否認する。あるいは，常習犯の犯罪の例を以前に述べた（115頁）。罪悪
感をすべて自分のパーソナリティから分離し，なきものにするのである。

投影同一化

　「自我を分裂させる」過程では，投影と摂取——特に前者——が手助けしてくれることがある。この場合，人は，自分が攻撃的だとは思わず，それどころかまったく無害だと信じ込む。そして，自分以外の誰かが，攻撃的な人間として選び出されるのである。

　すると，投影する側は，自分のパーソナリティの一部を失ったように，何だか生気がなくなり，弱々しくなる。

　自分の一部を他人の中に見出すことによって失ってしまうことを，「投影同一化」と呼ぶ。こうした原初的な作用は，自分の攻撃性を防衛しなくてはならないときに生じることが多い。

ナルシシズム

　こうした防衛過程は，その人の同一性にきわめて深刻で異常な影響を与える。攻撃性を外に運び出すことで，自分は優しいんだという感じが強まる――と同時に，外から脅かされているという恐怖を感じる。さらに，良い対象を内側に持ち込む（摂取する）ことで，自分の内面は善良だという感じがする。

　こうした強力な原初的防衛機制によって，本当の自分の自画像を描くことが酷く妨害されるならば，これは「ナルシシズム」である。
　これはフロイトがナルシシズムと呼んだ状態とは異なる説明の仕方である。フロイトのナルシシズムでは，自己しか存在せず，重要な対象はまったく存在しない。

フロイトによる**ナルシシズム**の理論は，**リビドー**の向かい方に基づいている。リビドーは，注意と関心，興奮として表現される精神のエネルギーであり，それは最初，自己に向かう——他者や対象は存在していないかのように。

これが，
生まれたばかりの
乳児の心の状態である。
その後もしばらくは，
こうなのだ。

後になってようやく，リビドーは「外へと方向を変え」，対象に向かう。こうして赤ん坊は実際に自分を取り囲んでいる他者を認識し，その良し悪しを評価できるようになるのである。

クラインの見方はフロイトと違って，完全に対象関係に基づいている。「対象が存在しない」状態は，生まれたときから，ありえない。正確に言うと，ナルシシズムは——空想の中で——自己を対象と交換することで生じる。その結果，あらゆる種類の良い性質が自己に備わっていて，あらゆる種類の悪い性質は対象が持つことになる。

自己の境界を越えて交換されるのは，良さと悪さの量だけではない。パーソナリティの実際の側面も交換されるのである。

　態度や職業，習慣，好み，道徳規範，それ以外も多くのことが，両親などの他者から獲得されるだろう。人格〔キャラクター〕全体を形成するのに深く影響を与えているのは，人格から望まれない有害な特質を取り除く過程である。と同時に，（一般的に）良いと感じられる性質をパーソナリティの中に蓄積させる過程である。この過程を逆転させ，自分自身をもっと現実的に知る経験を創り出すことは，人格の発達を構成する。

健康な発達をクラインはどう考えたか

　人格の発達には，自己の良い面だけでなく悪い面も認められるようになることが必要である。

　自己の両面を認識する発達では，必然的に人格が統合され深みが増す。

　自己は良いと一面的にみなす経験を支持していると，心の機能までもが分裂してしまうと，クラインは考えた。その例として，クラインは子どもの犯罪行為を説明し，子どもの犯罪者は（大人になってさえも），罪悪感から逃れるために道徳性を失うのだと結論づけた。

統合失調症では，考える能力それ自体を分裂させる。患者は自分が，痛みに満ち，危険が潜む世界の中にいると知覚している。考える能力を分裂させることで，そういう世界を知ることを回避するのである。そういう人は，現実感を著しく失ってしまう。

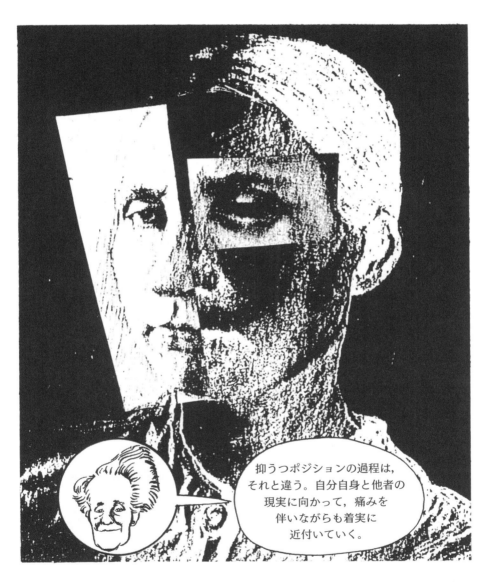

抑うつポジションの過程は，それと違う。自分自身と他者の現実に向かって，痛みを伴いながらも着実に近付いていく。

抑うつポジションの過程では，対象は一面だけが強調されることはない。同じく自己も，良い性質と悪い性質を合わせ持っていると認めざるを得なくなる。

妄想分裂ポジションと……

　分裂した心は抑うつポジションではない。1946 年，メラニー・クラインは，今や「妄想分裂ポジション」と彼女が名付けるものの研究を本格的に開始した。メラニーの考えでは，統合失調症を発症する者は，出生後，非常に早い段階で発達的な袋小路に入り込んでいく。この時期に，度を越えた恐怖と危険を常に経験しているのである。まるで，悪魔の代理人（悪い対象）が，害や死を自分にもたらそうとしていると確信するほどに。

死の本能

この非常に早期の段階で，
赤ん坊は原初的な防衛機制を使用して，
最早期不安という異常な恐怖を
静めようとする。

これは**死の本能**から生じるとメラニーは考えた。死の本能はフロイトが考えた仮説上の構成概念だ。メラニー・クラインはこれを，恐怖に凍りついた子どもや統合失調症患者の臨床素材の中に実在する現象だと考えたのである。

人間が感情を意識できるよう発達していくときに何が根底にあるのかは，わからない。しかし，メラニー・クラインとその少数の仲間たちからすると，早期経験の基盤がいわば所与のものとしてあって，これは経験から学ぶ必要がないという話が納得がいくと思われたのだ。例えばの話，空腹を感じる能力は生まれつき存在していると誰もが認めるだろう。吸啜反射もまさにそうだ。生まれたばかりの赤ん坊は，頬をくすぐる指の方に顔を向け，その指を吸う。この反射は外側に向かう機械的反応だが，しかしこれは，吸うと気持ちの良い何かがあると予期する内側の**経験**に対応しているのである。

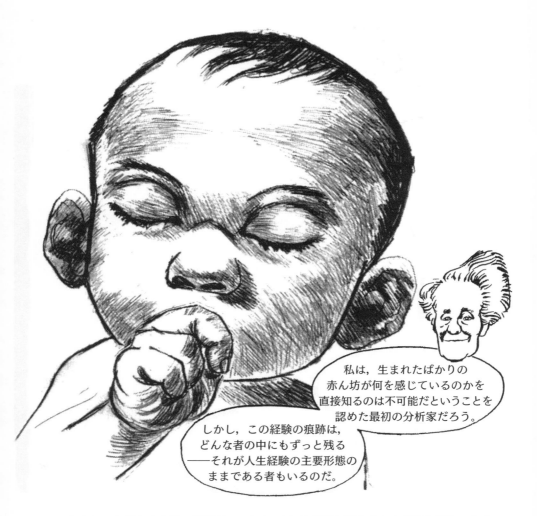

　生まれつき存在する悪い予期が一つある。それは何だか度を越えた異常な恐怖である。人は後になって，それを「死」と呼ぶようになる。

前概念

メラニー・クラインの門下の一人の**ウィルフレッド・ビオン**（1897–1979）は，彼女の追随者の中で恐らく最も重要な人物である。ビオンは，クラインによる多くの概念が哲学的に暗示していたことを探求した。

彼は，生まれつき備わっている予期（例えば，出生すぐに，死を予期すること）を，「前概念」と呼んだ。前概念は，赤ん坊が適切な外界の条件と出会うときに，一つの経験を持つ性向のことである。

そういう生得的な前概念——例えば乳首の前概念——は，生まれて初めて乳首を発見する以前に，生物学的に形成されていて，すでに存在している。前概念が現実と，つまり実在する乳首と出会う。これによって，一つの概念——「乳首」——が形成される。そして「乳首」という概念は，精神的あるいは心理学的な実体となる。

と同時に，ビオンの考えでは，このような発達によって，心的装置は，思考や概念を考えなくてはならない圧力を被る。

135

内側からの死の恐怖

　前概念の中には，自己の予期に関わるものがある。ここでメラニー・クラインは，死という異常な恐怖を感じる生得的な性向があると考えた。これは，ある状況下——放置_{ネグレクト}や痛み，長時間の飢え等——で，現実化する。さらにメラニーは，そうした経験にとっての特別な内容を描写した。それは具体的な空想を持っており，彼女が子どもの遊びの中に発見した具体的な空想と似ていたのである。

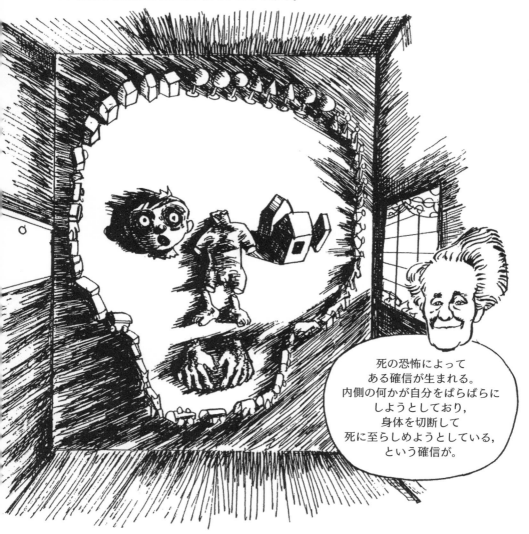

死の恐怖によって
ある確信が生まれる。
内側の何かが自分をばらばらに
しようとしており，
身体を切断して
死に至らしめようとしている，
という確信が。

　これはフロイトが描き出したペニスを失うだけの恐怖（去勢不安）よりも，もっと深刻な恐怖である。

迫害不安

　精神病患者の中核的な不安は，自らが内部から招く損傷の恐怖である。決定的なのは，「内部から」という点だ。それまでのクラインは，内部からではなく，外的対象——さらに言えば内的対象——から攻撃される恐怖を説明してきた。これをもともとは妄想ポジションと名付けたのだった。

　その次にクラインは，愛する内的対象（しばしば外的対象に結び付く）の損傷や死の恐怖を説明し，これを**抑うつポジション**と名付けた。

今，私が説明しようとしているのは，原初的な**自己破壊性**——自ら自分を破壊すること——である。これは，抑うつ不安に並び置くべきもう一つの「精神病的不安」だ。

　この自己破壊性は精神障害者に起きているとメラニーは考えて，「迫害不安」と名付けた。迫害不安に対する防衛を，メラニーはすでに説明している（分裂と投影，摂取）のだが，あらためて分裂機制（スキゾイド）と名付けた。そして，こうした心の状態をひっくるめて，**妄想-分裂ポジション**（パラノイド　スキゾイド）と名付けたのである。

クラインは，ある奇妙な患者を報告している。彼が感じているはずだと彼も他人も期待しただろうことを，この患者は実際は感じないのだった。その代わり彼は生気なく空虚だった——そのように外からは見えた——。患者は実際には，自分の一部が失われ，消滅してしまったように経験していた。

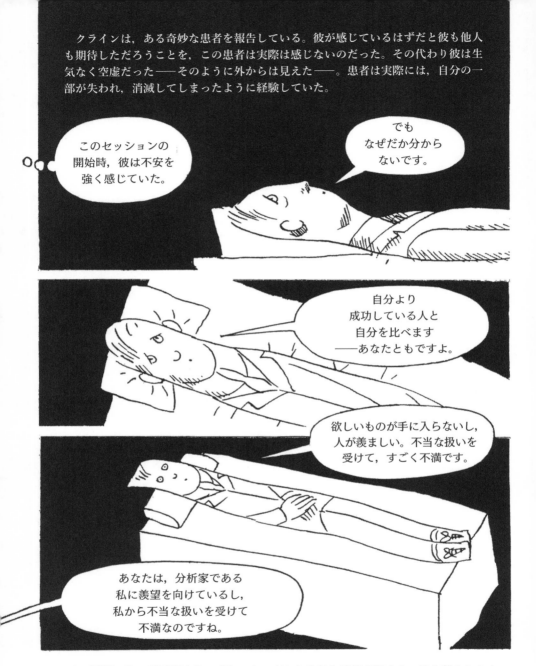

　その瞬間，彼の雰囲気は急に変わった。声から生気と感情が消えた。切り離されたように感じると言った。解釈は正しいように思われたのだが，しかしもはや彼には何の意味もないようだった。何も望んでおらず，何も悩んでいなかった。

メラニー・クラインは，この劇的な瞬間を取り上げた。彼の感情が文字通り，消えてしまった瞬間である。本当に特定の何かが彼のパーソナリティから消えてしまったのだ。それをメラニーは，強力で破壊的な防衛だと説明した。

患者は自己の特定の部分を
切り離した。
それは危険であり，
分析家への敵意があるものだと
彼は感じたからだ。

破壊衝動を
自分自身に向け
変えたんだ。

　無意識の空想の中では，この空白は，患者のパーソナリティの一部の消滅に等しかったのである。

こうした心の状態では，ある特徴的な不安が感じられている。それは，自分自身の統合への恐怖である。このような臨床素材から，クラインは，患者の無意識的空想がどういうものなのかを論じた——それは実際には患者が自分の心を傷つけ衰弱を招いていることなのだ——と。これをクラインは，フロイトによるシュレーバー症例の研究に結び付けた。シュレーバーは，パラノイア発症の急性期に妄想上の「世界システム」を発明し，自伝の中で報告した。それをフロイトが1911年に分析したのである。

全世界が
「世界の破局」で全滅して
しまったと感じる。

これは，
自我が分裂している（スプリット）という
シュレーバーの感覚の投影である。
分裂（スキゾイド）機制は，自己の一部分が，
それ以外の自己の部分を全滅
させてしまうことである。

　メラニー・クライン門下の分析家が，分裂機制を，病棟の統合失調症患者の中に繰り返し観察することができた。そうした門下生の中で最も注目すべき分析家に，**ハンナ・シーガル**（1918–2011）（〔訳注〕原書初版時，シーガルは存命だったので，原書には出生年と没年は書かれていない）がいる。シーガルは，メラニー・クラインの概念に関する重要な入門書を著した。もう一人は，**ハーバート・ローゼンフェルド**（1909–86）である。次に，ローゼンフェルドが分析した統合失調症患者を見ることにしよう。

投影を通じて形成される同一化

　クライン派のグループは，ある重要な観察経験を持ち始めていた。これをメラニー・クラインは，「投影を通じて形成される同一化」と報告した。一つの例を見よう。ハーバート・ローゼンフェルドが分析した慢性統合失調症の男性である。この患者の心は大きな損傷を受けていて，考えを持ち続けることも，意味あることを伝えることもできなかった。ある土曜，彼は看護師のシスターに襲いかかった。患者が，シスターと父親とでお茶を飲んでいたときに，突然襲ったのである。シスターが優しく肩に両腕を回したときに，彼女のこめかみを激しくたたいたのだ。

月曜と火曜，彼は無言だった。水曜，ちょっと喋った。全世界を壊してしまったと言い，一言付け加えた。

「エリ（神）」と何度も言った。意気消沈して見えた。そして項垂れた。
　この慢性統合失調症の患者は，無関心で支離滅裂でバラバラのコミュニケーションをしていた。これは，彼の心が，文字通り，あらゆる意味を剥ぎ取られ壊された状態の中にあることを表していた。

分析家はここで，次のように解釈した。

シスターに暴力を振るったとき，患者は全世界を破壊してしまったと感じ，エリ，つまり神だけがそれを元通りにしてくれると感じたのだ。

罪悪感だけでなく，内側からも外側からも攻撃されることを怖れていた。

患者とはもっと意思疎通しやすくなった。「もう耐えられない」と彼は言った。今までと違って，これは理解できる情緒的な反応だった——彼は絶望していたのである。しかしすぐにまた意思疎通できなくなってしまった。机を見つめ，こう言った……

全部，拡がった。みんなは何を感じる？

　それでも分析家は，このすべてに一つの意味づけを試みた——自分の中にある罪悪感と不安に耐えられなくて，それを外の世界に押し込んだ。すると自分が拡がり，自分がたくさんの人間に分裂したと感じた。バラバラになった自分は，今では外の世界にいて，それらが何を感じてるんだろうと思った。

分析家が思い切ってこの解釈で伝えた意味は，分 裂（スプリッティング）と投影が統合失調症患者におい
てどのように生じているのかを理解しようしたことで決定されている。この症例では，
看護師に襲いかかってしまったことで患者は罪悪感を迫害的に経験した。この罪悪感を
患者は，今度はバラバラになって襲いかかられる経験を通じて必死に処理した。そのと
き，バラバラに断片化したものは，外の世界にいるたくさんの対象の中へと拡がってい
た（投影同一化）。この解釈への反応は，まだ十分には言語象徴で表現されていなかった
けれども，今まで以上に明示的だった。

　　　　　　　　　　　　　　　　　　　　　　　　解釈の後，彼は，自分
　　　　　　　　　　　　　　　　　　　　　　　の曲がった指を見て，こ
　　　　　　　　　　　　　　　　　　　　　　　う言った……

もうできない。
それはまったく。

　前にあったように，この反応も直接的で明晰で，感情が込められていた。これは，分
析家に，そして私たちに接触しようとするものだ。

これは，再構成された意味が与えられたことで，患者が，これまでよりも適切に理解できる状態を——たとえそれがどこにあったとしても——取り戻したことを示唆している。それから患者は，分析家の指を指さした。分析家のその指も，少し曲がっていた。

　患者の一部（曲がった指）は，分析家の一部に結び付けられた（分析家にも曲がった指があったのだ）。このような臨床での裏付けをクライン派は，患者の何かが外的対象の中に発見されることを確証するものだと考えた。この場合であれば，それは分析家の中——すなわち，分析家の曲がった指の中——である。

患者の一部が投影され，実際に外的対象の中に位置付けられる空想は，「投影同一化」と呼ばれる。これは，内的対象の空想と同じく，異常なほど具象的な空想である。こうした空想が患者にとっては，どれほど実在感のあるものか。それは，心が拡がってしまうことで，自分を枯渇させるほどのことなのだ。意味を示す自分の世界が粉々になり消散するにつれて，実際に自分が支離滅裂になるほどのことなのである。

前に，それと似た過程を見た。クラインが犯罪者に関して説明した過程である（115頁を参照）。

門下生たちと病棟の重い統合失調症患者について論じ合うことがなければ，クラインは妄想分裂ポジションと投影同一化を正確に定式化することはできなかっただろう。この成果が，1946年の論文，「分裂機制についての覚書」である。

この新しい理論は，英国分析協会の中の三国間構造をほぼ決定的なものとした。というのも，私に近い集団や私のスーパーバイジーでないと，この先進的な考えを理解することは，まずできないからだ。

　続く30年間だけでなく，クラインが死んだ後もずっと，クライン派の精神分析および子どもの分析の実践の鋳型は，心の一部が分裂して，それが他者の中に位置付けられる，という非常に具象的な考えによって作られることになる。

転移

　多くの精神分析概念に言えることだが，精神疾患のある患者において発見されたことが，その後，ほとんどの人の重要な痕跡の中で生じていることがわかった。「分　裂」と「投影同一化」という概念は途方もなく生産性に富んだ概念であることが明らかとなったのである。どんな現象も明快に説明できたのだ。その一つとして，精神分析家が転移を今までより，はるかに正確に理解できることがあった。

　これは，転移を今までとは違うように描写する——転移はもはや，過去の出来事ではなく，何度も作り直されるのである。過去ではなく，転移は，投影同一化を実行する目的で対象を使用する，今ここでの過程だと理解されるようになった。転移が，患者の自我の分裂を裏付けるのである。

こうした観点から言うと，患者は，現在の対象を原初的なやり方で使用している。対象と相対している位置——この位置は対象を特定の方法で使用する——は，発達においてはるかに早期の段階に適した位置なのである。

転移は今活動している過程なのだ，という新しい見方が生まれると同時に，1950年頃に突如多くの分析家が，逆転移を新しく概念化しようと考え始めた。

逆転移

　逆転移は元々は，患者の転移に対して厄介なことに無意識に反応してしまう分析家側の問題を意味していた。それが今や，転移に対する分析家の反応は，患者からの投影を正確に受け取っていることなのかもしれないと，分かったのである。

自分が何を摂取するのかを，
分析家がよくよく考えることで，
患者が対象，つまり分析家を相手に
実行していた過程が，明らかに
なるかもしれない。

逆転移は，
邪魔になるものではなく，
生き生きとした確証を生み出しうる
ものに一変した。

　逆転移概念の明暗が一変したことで，激しい論争が起きた。メラニー・クラインは次の理由で反対した。不十分にしか分析されていない精神分析家は，分析家自身の情緒的問題に目を瞑るくせに，分析家が感じたことを根拠に患者に責任を押し付ける——と。こうして，1950年代の中頃，クラインは仲間の一人と対立することになった。ポーラ・ハイマンである。ハイマンは，メラニー・クラインが苦境にあったその前の10年間ずっと，クラインに最も忠実だった仲間だった。残念なことに，両者は仲違いし，二度と和解することはなかった。

ビオンの「コンテイニング機能」

　実際のクライン派における趨勢は，逆転移の新しい見方を真剣に受け入れるものだった。その中でも特に若手のクライン派，ウィルフレッド・ビオンとロジャー・マニー－カイルがそうだった。彼らは，分析家の不安な経験と，患者の有益な投影の双方からの現象を吟味した。これをビオンは，「コンテイニング機能」として描いた。分析家は，患者の耐えられない経験の投影を「コンテインする」よう求められているのである。母親が，泣き叫ぶ我が子が自らに注入してくる恐れを「コンテイン」しなくていけないように。

同様の仕方で，分析家は，
生まれたばかりの赤ん坊に向かう
母親の機能を果たすよう
誘われている。

　これをビオンは，赤ん坊が泣いているときに感じている恐れ，それも激しい恐怖を，実際に感じざるを得ない母親の観点から考えた。赤ん坊の中に生じたこの緊張を抱えていける母親もいれば，パニックに陥る母親もいる。分析家も同じだ，とビオンは言った。

反復と死の本能

　子どもとの分析作業が，メラニー・クラインのすべての理論的展開の基礎にある。メラニーの観察では，攻撃性と恐怖は，どんな状況よりも，子どもとの分析作業の中で一番激しく出現していた。だからこそ彼女は，常識では考えられない死の本能というフロイトの概念に最も敬意を払う分析家になったのである。

　フロイトが研究した反復には，外傷的な苦痛の経験を繰り返す，という意味がある。反復は，夢のように心の中や，転移の中で起きることがある。ことによると，ある種の集団現象の中で起きるかもしれない。実際には，何らかの形で外傷それ自体を反復しているようでもある。

これは人間の本性に
倒錯的なところが根深くある証拠だ。
苦痛や不快，究極的には死を
目指すのだから。

　このことをフロイトは，通常の生物学的な原理（いやむしろ宇宙論的な原理）だと考えた。

フロイトを驚かせたのは，第一次世界大戦の砲弾ショックで心的外傷を負った兵士が，その後も，夢と日中のフラッシュバックの中で外傷を何度も経験し続けることだった。この「反復強迫」は，心は緊張と苦痛を減らすように作動する，というフロイト自身の原理の反例だった。こうした例では，どう見ても，苦痛と死は，それを何度も経験することで，召喚されている。

これを私は「死の本能」と呼ぶ。だが，それが精神分析の設定の中で直接的に観察できるとは思わない。死の本能は「臨床上は」沈黙している。

フロイトは，1920年当時の精神分析技法では，自己破壊への衝動を明らかにできる方法は存在しないと考えた。外傷を反復しようとする強迫の背後には，自己破壊があるが，しかしこのことは，象徴解釈と夢分析に大幅に依拠している実践技法では，真実であることを証明できなかった。

しかし，転移（そして逆転移）の理解に大変革が起きた。ここには，投影同一化の概念が途方もない貢献をしていた。この大変革に続いて，クライン派の分析家たちは，死の本能が臨床上，沈黙しているわけではないことを，示そうとした。

死の本能は，臨床で，その本性を現す。それは，患者と分析家との間で，分裂と，無意識的な転移および逆転移とが知らぬ間に相互作用する中で出現しているのである。

メラニー・クラインは
常に，こう考えていた。
困難なときの人間の生き方は，
攻撃性を制御し，それを抑え
改良し，人間の心の中で対象を
愛する部分を最大限まで成長させ
ようと苦闘することにかかって
いる，と。彼女は，妄想分裂
ポジションを明らかにした
が，それは，この苦闘が
失敗してしまったときに
何が起きるのかを理解す
る経験に，しっかりと基
づいていたのである。

重症の
スキゾイドと
統合失調症の患者は，
自分の心がバラバラになる
空想に圧倒されている。

自分の内側から
自分自身に向かう攻撃性が
出てくることに
苦しんでいる。

独立学派という緩衝的なグループ——名高いのはドナルド・ウィニコットだ——は，独自の貢献をしはじめた。グループのために他とは違う特徴を発揮しはじめたのである。独立学派の分析家のほとんどが，メラニー・クラインに大いに影響を受けている。しかしながら，彼らが拒絶するクラインの理論があるのだ。

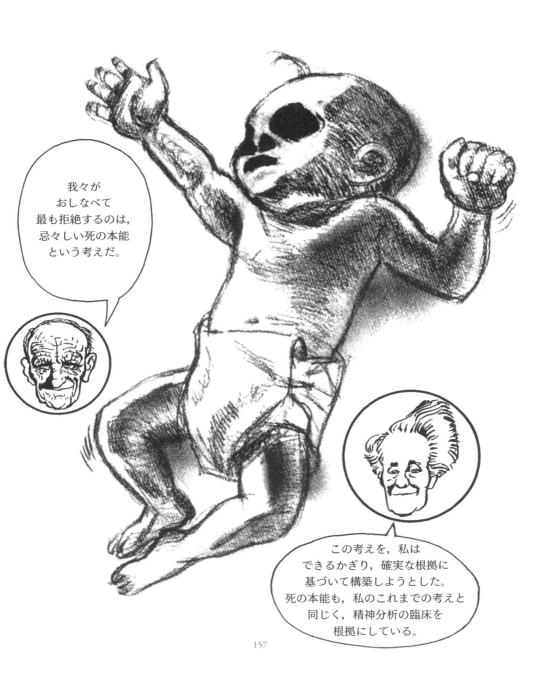

157

エドワード・グラバーとメリッタ・シュミデバークからの罵りじみた抗議は
なくなった。グラバーが 1944 年に英国精神分析協会の会員権を放棄し，メリッ
タがアメリカに移住したからだ。
　おおぜいの訓練生が，メラニー・クラインとその仲間の訓練を志願するよう
になった。クラインが妄想分裂ポジションを描き出してから十年くらいが経ち，
彼女が率いる集団は拡大しつつあった。この集団の中心人物として，クライン
は復権したのだった。
　アンナ・フロイトの集団にも多くの訓練生が集まり，特にアメリカから多額
の研究費を受け取ることになった。彼女は，英国精神分析協会の全体のまとま
りを脅かすことを避け，子どもの心理療法の研究と訓練のために自らが設立し
たハムステッド・クリニックという独立機関の中に自らの活動をほぼ制限した。

羨望についてのクラインの研究

　1950 年代，メラニー・クラインはたくさんの論文を書いた。中でも特に長い論文が二
つある。一つ目は「同一化について」という論文で，投影同一化の概念を発展させた。
ここでは臨床実践や日常生活，そして文学から多くの例を取っている。二つ目の論文は，
本として出版された。『羨望と感謝』（1957）である。これは，クラインのなした最後
の偉大な理論的貢献だった。それはまた，クラインの展開に付いていこうと努力してい
たクライン派以外の多くの分析家にとって，我慢の限界ともなった。ドナルド・ウィニ
コットは，いつだってメラニー・クラインの仕事に敬意を
表していたが，羨望の概念には耐えられなかった。

クラインは，
生得的な攻撃性，
すなわち羨望を考えた。
それは間違っている。
どんな攻撃性も，実際の酷い環境が
原因だ。こうした環境が，身体的にも
心理的にも発達を十分に
促進しないのである。

今なお，「羨望」は，
クライン派か否かを表示する
一つの印だ。

では，論争を巻き起こしたクライン
の**羨望**という考えの重要性は何なのだ
ろうか。
　メラニー・クラインは，その生涯を
通じて，人間の中にある攻撃性の「量」
の大切さを痛感していた人だった。

子どもは
家族と一緒に生きながら
攻撃性をとても
暴力的に空想して苦しみ，
それを抑えるのに苦闘して
休まるときがないようだ。

重症の大人の
精神障害者は，自らの心を
破壊してしまうような
自分自身に向かう暴力性が
激しく何度も生じて
荒廃してしまう
のである。

　羨望の概念は，未発達でも
発達途上でも乳児の心は自己
破壊的な内的状況に何とか対
処しようとしており，自己破
壊とは反対の性質を組織化し
て動かそうとしていることを
メラニー・クラインが理解し
ようとした試みだったのだ。

メラニー・クラインの門下生のハンナ・シーガルは後に，ジャック・ロンドンの小説，『マーティン・イーデン』を例にとって，死の本能が持つ自己破壊性を描き出した。マーティンは溺れて自殺しようとするのだが，思わず泳ごうとする。「それは，生きようとする無意識の本能だったのだ。彼は泳ぐのをやめたが，しかし，水が口の上まで上がってきたのを感じた瞬間，浮き上がろうと，手を急に動かし泳ぎ出した」

マーティンの思考には冷笑が伴うことをロンドンは鮮やかに捉えた。これは，生き続けようという望みに対してマーティンが感じている嫌悪と軽蔑を劇的に示すものだ。溺れ死にしつつあるとき，マーティンは胸が引き裂かれるような痛みを感じる。「『痛みは死じゃなかった』，混濁する意識の中，マーティンはこう考えては，揺れ動いていた。それは生だった——生という心の痛みだった——窒息して死んでしまう恐しい感覚だった。それが，生が彼に与えた最後の衝撃だった」生が続くためには，死への衝動と，痛みを感じながら戦わなくてはならない。死の本能は，生そのものを攻撃する——それが生きているがゆえに。生き続けることこそ，痛みを感じることなのである。

羨望を定義する

　乳児は生き抜くために，自分自身に向かう本能的な破壊性を何らかの形で——緊急かつ直接に——処理しなくてはならない。メラニー・クラインの発見は，乳児がここで最初に使用する方法が，生への本能的な憎悪を自分以外の生きた対象に向けることなのだ，というものだった。乳児は自らが持つ自己破壊性と戦う。自己破壊性を自分とは違うところに，つまり生と生命感を象徴する自分以外の対象に向けることによって，戦う——だから戦う相手とはとりわけ，赤ん坊の命を守ろうとする対象である。そのような対象の最初の象徴は，母親である。乳児にとってはさらに明確で，それは乳児が一番よく知っている母親の小片，つまり乳房である。

攻撃
それ自体が目的で，
自分以外の人間が持つ
生と良さとを攻撃するのが，
「羨望」である。

このように死の本能を外在化することは，何かから生命を吸い込む，という空想を生む。それは，襲撃して盗むという家宅侵入罪の形で，良さというものを出し抜いて取るという空想である。

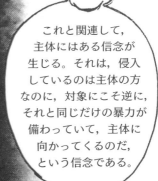

これと関連して，主体にはある信念が生じる。それは，侵入しているのは主体の方なのに，対象にこそ逆に，それと同じだけの暴力が備わっていて，主体に向かってくるのだ，という信念である。

メラニー・クラインはこう考えた。妄想的な恐怖と攻撃性との循環が，パニックや夜驚にまで高まるような子どもがいる。そういう子どもの早期状態を説明しうる水準を自分は発見したのだ，と。これは妄想分裂ポジションの基礎であり，死の本能の直接の表現に等しい。

メラニー・クラインの死

　その後間もなくのこと，メラニーは，1960 年夏のある休日に意識を失い，最も献身的な仲間の一人である**エスター・ビック**（1901–83）の手で，自宅に連れ戻された（ビックは，最早期の乳児が母親と一緒にいるところを観察することによって，クラインの考えを裏付けようとした）。

　診断はがんだった。手術を終えても，いつものように頑固なメラニーは，ベッドから落ち，腰を骨折した。合併症へと至り，そこから回復することはなかった。メラニー・クラインは，1960 年 9 月 22 日に死んだ。ベティ・ジョセフ（もう一人の革新的なクラインの追随者）は言う。最後は入院してまでも，メラニーは死の経験を探求すべく全力を尽くした，と。「経験に飢えていた」彼女は，たくさんのものに恵まれた。とりわけ大事なのは，自分の仕事から大きな満足を得たということだ。

メラニー・クラインの遺産は続いている

　メラニー・クラインは自分の考えを広めるため，文字通り死ぬまで働いた。自分の考えを伝える新しい方法や，自分の理論の整合性をさらに高める方法を，休みなく探し求めていたのである。死後には，メラニーの考えに忠実な教え子と同僚の集団が残された。メラニーの賞賛すべきところは，彼女が絶えず変化し続けた経験が，生命力に満ちた努力の中で生き続けていることだ。その努力とは，メラニーの仕事を発展させ，筋の通った知識体系を作り，扱いがたい患者との分析作業のための新しい方法を探求し，精神分析に関心のある将来の世代を喚起しようとする努力である。

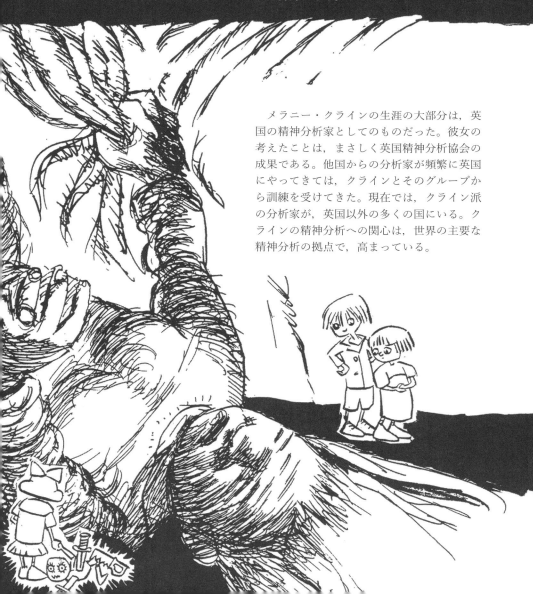

　メラニー・クラインの生涯の大部分は，英国の精神分析家としてのものだった。彼女の考えたことは，まさしく英国精神分析協会の成果である。他国からの分析家が頻繁に英国にやってきては，クラインとそのグループから訓練を受けてきた。現在では，クライン派の分析家が，英国以外の多くの国にいる。クラインの精神分析への関心は，世界の主要な精神分析の拠点で，高まっている。

クラインと集団療法

　クラインの考えたことは，厳密な精神分析の面接室の中だけでなく，他の多くの設定でもとりわけ適用が可能であることが分かった。メラニー・クライン自身は，自分の分析技法を使い続けることに厳格に固執したのだけれども，こういうことになったのである。彼女の考えたことと，その追随者たちが発展させたことは，精神分析の範囲に留まらない学問的あるいは文化的な話題の中で多様な形で取り上げられてきた。投影同一化という概念が持つ対人的側面が大きな理由となって，クラインの考えたことは，精神分析以外の心理療法，特に集団療法を肥沃なものにした。投影同一化が関わっている過程は，社会生活の中に，いやおそらくその根底に，深く組み込まれている。

投影同一化は集団の中で起きるし，個人を集団につなぎ合わせる作用なのかもしれない。だから，集団行動はとても原初的になる傾向がある。自我の一部が社会環境の中で誰かに投影されると，ある一人の人物が，それと似たような投影を他者から受けるようになり，その人が投影のための貯蔵庫になることがある。こうなると，その人は，集団のために演ずる無意識的な役割を強制的に担わされるようになるのだ。歴史を通じて，私たちはこの現象をよく知っている。罪悪感が一人の人物に投影されると，その人物はスケープゴートの役を引き受けることになるのだ。クラインの精神分析を社会領域に拡大する活動は，そのほとんどはロンドンのタヴィストック・クリニックで始められた。それを立ち上げたのが，ウィルフレッド・ビオンであり，イザベル・メンジーズやエリオット・ジャックスのようなクラインの追随者である。

クラインとフェミニズム

　メラニー・クラインは，母親の役割を重要視したので，英国だけでなく国際的にも，フェミニストの考えの一部はクラインの考えと似通い，親しくもなった。ジュリエット・ミッチェルはおそらく，英国における最も重要な現代フェミニストであり，男と女とのジェンダーの違いに関する考えをフロイトから得ようとした。ミッチェルは1980年代にメラニー・クラインの著作を頼りにすることで，社会的なジェンダーをさらに早期に決定している心理学的要因を探り当てようとした。

クラインとラカン

　精神分析に対して多大な学問的関心が向けられるようになった。この事態は**ジャック・ラカン**（1901–81）の理論が引き起こしたものだ。メラニー・クラインは母親を強調して——そして「結合両親像」における父と母の両者の役割を強調して——，それまでの精神分析よりも偏りのない視点を獲得した。ラカンは，父の名という規則を考えたので，多くのラカン派もまた，メラニー・クラインが獲得したような視点を探し出そうとした。

メラニー・クラインから私たちへの最後の贈り物は，死後に出版された，一セッションごとの精神分析の報告で，『児童分析の記録』という。これは，リチャードの分析の物語だ。この男の子に私たちはすでに会っている。彼は（クラインの追随者たちがそうだったように），自分の中にクライン先生を安全に永遠に生かし続けることで，彼女を一生の友達にした子どもだった。

読書案内

• Hanna Segal, *Klein*, Fontana Modern Masters, London 1979.

　　クラインの追随者^{フォロワー}の中で最も傑出した分析家の一人が，わかりやすく解説してくれる。歴史的，伝記的背景を考慮した明快な技法的入門書である。理想としては，次にこれを読んで，メラニー・クラインを知るとよい。

• R.D. Hinshelwood, *Clinical Klein*, Free Association Books, London 1994; Jason Aronson, New York 1994.（『クリニカル・クライン──クライン派の源泉から現代的展開まで』福本修・木部則雄・平井正三 訳（1999）［誠信書房］）

　　クラインの発見と概念を，その根拠として本人とクライン派の分析家が提示した臨床素材を使って説明している。これを読めば，臨床過程の各々の段階や，クラインたちが考えていたこと，さらには，それがどのようにして理論的発展を生んだのかという問題を，知ることができよう。

• Julia Segal, *Phantasy in Everyday Life*, Penguin, London 1985; Jason Aronson, New York 1995.

　　ありふれた日常生活に現れる無意識の心をクライン派がどう理解するのか，平易にわかりやすく説明している。ありふれたちっぽけな具体例がたくさん紹介されている。これを読めば，私たちもまた，不安をもたらす心の水準で活動しているのだと，気づくはずだ。

• Juliet Mitchell（ed.）, *The Selected Papers of Melanie Klein*, Penguin, London 1986; The Free Press, New York 1987.

　　ジュリエット・ミッチェルがクラインの著作から古典的な論文を選び出し，その各々に短くも，しばしば明快な序論を書いている。精神分析を専門としない読者に向けて書かれたクラインの二つの論文──「離乳」と「愛，罪悪感，そして償い」──が，この本に含まれていたら良かったのにと思うかもしれない。その場合には，*The Writings of Melanie Klein*, Hogarth, London 1975 (reprinted by Virago); The Free Press, New York 1984 の第 1 巻を当たる必要がある。

• Phyllis Grosskurth, *Melanie Klein: Her World and Her Work*, Hodder & Stoughton, London 1986; Harvard University Press, Cambridge, Mass. 1987.

　　現在までのところ最良の伝記。クラインの痛ましさに満ち，しかし創造的だった人生を読むことは，我を忘れるくらい面白い。もっともクラインの仕事を専門的に説明している箇所は，この本は信頼できない。

舞台劇，ミセス・クライン（Nicholas Wright 著，Nick Hern, London 1988）は，この伝記に基づいているところがある。

- James and Alix Strachey (ed. Perry Meisel and Walter Kendrick), *Bloomsbury/Freud*, Chatto & Windus, London 1985.

（カール・アブラハムとの分析のために）ベルリンに滞在していたアリックス・ストレイチーと，ロンドンに暮らす夫ジェームズが，ほぼ毎日交わしていた 1924 年の書簡集。さりげない英国ユーモアに満ちている。この頃，ベルリンではメラニー・クラインが子どもとの分析作業を発展させており，ロンドンではブルームズベリー・グループとストレイチーの精神分析の仲間とがお互いを知り始めていた。アリックスとジェームズが，この二つの世界を見事に喚起させてくれる。

クライン小事典&索引

エディプス・コンプレックス Oedipus complex：フロイトは，エディプス・コンプレックスを，生後3年目に発生し，超自我が発達するとともに沈潜していくと説明した。しかし，フロイトによるエディプス・コンプレックスよりも早期に，もっと原初的な関係を乳児がエディプス的カップルと作っているような心の層がある。早期エディプス・コンプレックスの空想においては，両親カップルは二人で満足を得るために性交し，乳児を排除するのである。そこでは性器はもちろん，口唇と肛門も使われており，カップルはお互いに愛し合っていながら，破壊し合ってもいる。 32, 64, 67, 102

訳者あとがき

本書は, Hinshelwood, Robert & Robinson, Susan, & Zarate, Oscar (Illustrator) (2011).
INTRODUCING MELANIE KLEIN : A Graphic Guide. Icon Books LTD. (Originally
published as *Melanie Klein for Beginners*. 1997) の全訳である。

　イギリスの出版社, アイコン・ブックス社が 1992 年から刊行している *Introducing...
A Graphic Guide* シリーズは, 哲学, 心理学, 文化, 政治, 宗教, 科学といった領域のト
ピックおよび主要人物を, その分野の専門家がグラフィック・アーティストと組んで, 初
学者に向けて解説するグラフィック・ノンフィクション・シリーズで, 現在までに 100
タイトルほどが刊行されている。精神分析の分野では, 『フロイト』『ユング』『ラカン』
『精神分析』『フロイト・ウォーズ』そして『メラニー・クライン』がある。
　その特徴は, コミック・スタイルによる概説書である点で, このシリーズの源流であ
る *For Beginners* シリーズから受け継いでいるものだ。*For Beginners* シリーズは, 1974
年にロンドンで設立された Writers and Readers 出版協同組合が始めたもので, 日本で
も, 現代書館からフォー・ビギナーズ・シリーズとして, フロイト, ユング, ラカンを
含め主要な巻が翻訳出版されているので, 馴染みがある読者もいるかもしれない。

　今回, 本書を翻訳する過程で, Writers and Readers 出版協同組合の設立者であり,
For Beginners シリーズを作った出版人で活動家でもあったグレン・トンプソン Glenn
Thompson (1940–2001) という人を初めて知ることになった。トンプソンは, ニュー
ヨーク州ハーレムの貧しい家で生まれ, まともな学校教育を受けられず, 12 歳まで読み
書きができなかったという。さらに母との死別, 父からのネグレクトで, きょうだいと
一緒に「子どもシェルター」に緊急保護されたが, 福祉局の支援業務の名のもと, きょ
うだいとも引き離された。
　この外傷経験は, トンプソンに本を手に取らせ, それを読むことへと導いた。字を覚
え, 文章を読み, 世界の文学を読み漁るようになったのである。作家が描いた世界をこ
の目で見たいと夢見るようになり, アメリカを離れ, 世界流浪の旅に出たのが 20 歳の
頃だった。トンプソンの世界文学の旅は, イギリスのハックニーで地区のソーシャル
ワーカーとして雇用され, 働き始めたことで, 終わった。当時, 低所得者層が集まるス
ラムだったハックニーで, トンプソンは剝奪的な境遇にある子どもたちに出会う。官吏
の末端として子どもに関わることに限界を感じ, ソーシャルワーカーを辞め, 子どもた

ちが文学を読み，文章を書くことを支援しようと，ハックニーで初めてとなる書店，「センタープライズ」を開いた。12歳の少年が書いた詩を本にして出版し成功を収めるも，私腹を肥やさず，すぐにセンタープライズをコミュニティに譲渡した。その建物は，貧困層への福祉相談や，識字能力向上の支援，精神病院での患者の非人間的な扱いに反対する運動，女性のパフォーマンス・カフェ・ナイト，自らの方言を生かした本の出版など，社会的弱者や貧困者を支えるハックニーのコミュニティセンターになっていたという (1971–2012)（https://www.ahackneyautobiography.org.uk）。

　そういうトンプソンの周りに賛同者が集まった。彼ら彼女らは，高学歴の限定的な読者層の要求に応ずるのではなく，知を剥奪された社会的弱者に向けて，その文化的リテラシーへのニーズを高めることをミッションにして，Writers and Readers 出版協同組合を共同設立した。メラニー・クラインもその一冊に加わった本シリーズが，だから，アカデミアに囲い込まれている知の領域を解放し，高等教育を受けられない境遇に生まれながらも知を求める人たちに向けてアピールしている理由も，さらにはマンガ家による活写を前面に打ち出している理由も，トンプソンの人生とその精神を思うと，理解できる。

　今日，本シリーズは本国イギリスにとどまらず，知の領域にはじめて触れようとする読者を獲得してきた。本書についても，Melanie Klein Trust の Reading list : Introductory books（https://melanie-klein-trust.org.uk/resources/introductory-books/）で最初の一冊として紹介されていて，1997年の初版以来，はじめてメラニー・クラインの精神分析に触れようとする人に貢献してきたはずだ。トンプソンの遺産は，本人が思いもよらないところで，生きている。

　本書は，メラニー・クラインの伝記的事実と絡めながら，クラインの精神分析技法や主要概念，理論形成，そして症例を，印象的な絵の力を借りて初学者に向けて概説している。

　メラニー・クラインは，本書でも触れられているが，子どもの精神分析を開始したベルリン時代，当地の精神分析のエスタブリッシュメントから受け容れられず見下された。超自我的存在のエスタブリッシュメントにとっては，メラニーが子どもの中に発見した本能的な乳児の心の最深部の「グロテスクさ」も，それを臆することなく発言し発表し出した人物がよりによって医者でなく学歴のない女性であったことも，許しがたかったのだろう。

　きょうだいで唯一人，母のおっぱいで育ててもらえなかったメラニーは，近付いてくれない父親と同じ医者になろうと志すが，結婚で夢を断念し，妊娠出産のたびに酷いうつになった。母親はメラニーの子どもを引き取り，メラニーには旅をするように促しては，罪悪感を煽る手紙を矢継ぎ早に寄越してきた。本書にも描かれた通りである。置き

去りにした子どもたちへのメラニーの罪悪感は，被迫害的なものにならざるを得なかったはずだ。そういうメラニーが，それまでおそらく誰にも話せなかった自分の気持ちを話すことになった。メラニーに聴き入り，高い注意と理解を示す洞察的な人物に向けて。それがフェレンツィとアブラハムだった。戦争と迫害，さらには死別によって，二人の分析家とのメラニーの分析は不完全なものにならざるを得なかったのだろうが，切実に精神分析を求めたメラニーには，精神分析を受けることで自分は救われ，生きた心を持てたという実感があっただろう。それは心の中から自分を支える内的対象となった。そして，社会的にはもちろんのこと，精神分析においてさえ置き去りにされていた子どもを精神分析する道へと，メラニーを導いた。

メラニーは，子どもとの精神分析の経験をすべての発見の土台としながら，その進展の背後には，自身の度重なる喪失経験による心の痛みに満ちた内的状況とそのワークがあった。そしてクラインが発見した概念と理論体系，精神分析実践は，世界中にいるメラニーの同志によって，今日まで受け継がれている。それは，初学者を対象にした本書が読者に伝えようとしている大事なメッセージだ。

子どもとの精神分析の経験から，メラニー・クラインは子どもの中に，乳児を見た。クラインが発見した心は，フロイトがひょっとして予期しながらも，その実在には真に出会うことがなかった原始ヴァージョンの心とでも言えるかもしれない。クラインが相手にすることになってしまったのは，言語を生む本能を宿す，前言語的な生命体が持つ経験様式のように思える。クラインは３歳にも満たない子どもにも精神分析をするうちに，フロイトの発見が成立しないという非常に悩ましい事態に直面してしまう。その典型が本書でも触れられている，エディプス・コンプレックスと超自我という精神分析の根本概念だろう。

クラインが描く乳児の心は，普通に言語で分節化できる経験に基づく限りは，理解しがたい。そこには具象的で断片的な対象たちが蠢き，つがっている。

例えば，乳房。乳児は，乳房が，その内側にペニスを含み込んでいると空想している。そこで両親は互いを貪り合い攻撃し合いながら，快を独占し，乳児を締め出す。こんな奇怪で暴力的な空想の中に乳児は存在している。子どもの分析実践を通じて，クラインが見出したことだ。これをクラインは，フロイトが出会えなかったエディプス・コンプレックスの原始ヴァージョンだと直観したのだと思う。たらればの話だが，このときメラニーには，乳児の心はフロイトのエディプス・コンプレックスでは説明できないと，エディプスを棄てる選択だってあったのかもしれない。しかし，クラインはそうはしなかった。クラインの子どもの精神分析は，科学実験に喩えてみれば，フロイトの大人の精神分析の実験精度をはるかに上げた心の探求だったと言えるかもしれない。この流れで言えば，フロイトの測定精度に基づくエディプス・コンプレックスの定式化は，クラ

インのそれに比べて，近似的なものだった。確かに，普通の人間の感覚からは遠い，奇怪で複雑なものになるけれども，クラインの中でエディプス・コンプレックスというプリンシプルへの確信は揺るがなかった。

それに関連すれば，フロイトが，エディプス・コンプレックスの後継者として内在化され発達するとした超自我という近似的な概念も，クラインの手にかかると，乳児に出生時から稼動する死の本能にその源があるとされ，生の源となる乳房を口唇で摂取するのと同時に生まれる早期内的対象として，その概念は昇華された。

こうして心を根源的に探求しようとするクラインのもとに集った俊英の中から，それまでの精神分析が置き去りしていた精神病者の精神分析への道を拓く者が現れた。

クラインが相手にした乳児の心は，生死をかけて，外の世界および対象を使っている。そういう経験を分析家として患者とともにしたのが，メラニー・クラインだったのだろうと思う。「生が続くためには，死への衝動と，痛みを感じながら戦わなくてはならない。死の本能は，生そのものを攻撃する」（本書 161 頁）。患者に乳児を見出し，この戦いを患者とともにし，生きた心を患者が経験するために，働いた。そういう仕事によってもたらされる心は，メラニー自身が受けた精神分析によって，メラニーにもたらされた心でもあったのだろう。

本書の共著者の一人，ロバート・ヒンシェルウッド Robert Douglas Hinshelwood は，イギリスのクライン派精神分析家，精神科医で，2022 年現在，エセックス大学社会科学学部 Psychosocial and Psychoanalytic Studies 学科の名誉教授の職にある。現在までに，『クリニカル・クライン』福本修・木部則雄・平井正三訳（1999，誠信書房），『クライン派用語事典』衣笠隆幸総監訳（2014，誠信書房），『クラインとウィニコット』木部則雄・井原成男監訳（2020，岩崎学術出版社）が翻訳出版されている。編著も含め多くの著作があり，クライン派の精神分析臨床およびその理論の知的導き手として，多くの読者がヒンシェルウッドの著作の恩恵に浴しているだろう。クラインの用語事典を一人で書き上げるという偉業からも窺えるように，クライン派の中でも格別に学究的な分析家であり，精神分析の他分野（集団や組織，社会科学）への応用に関する研究でも名高い。さらに，ロジャー・マニー―カイルの保管文書の中から発見されたメラニー・クラインの自伝の執筆原稿を書き起こし公表するなど（2016），一次史料に基づく精神分析の歴史の研究者としての寄与もある。2000 年以降の著作として，*Suffering Insanity*. London: Routledge, 2004., *Research on the Couch*. London: Routledge, 2013., *Melanie Klein: The Basics*. London: Routledge, 2018.（Tomasz Fortuna との共著）がある。メラニー・クラインの入門書の位置付けの本書においても，ヒンシェルウッドの深い学識と書く力とが発揮され，簡にして要を得た記述として実を結んでいると思う。

本書の共著者スーザン・ロビンソン Susan Robinson は，「1987 年にキャッセル病院で

サイコソーシャル・ナースとしての仕事を開始し，1994年からは同病院で看護師長を務める」と原書で紹介されている。同じくヒンシェルウッドは，「キャッセル病院の臨床部長を務めている」とあって，二人は当時，キャッセル病院の同僚だったことがわかる。本書以外の著作やアカデミックな論文は見当たらず，おそらく医療現場一筋の人のようだ。その執筆の経緯はわからないが，想像するに，クライン派分析家のヒンシェルウッドと一緒に医療現場で働くうちに，ロビンソンがメラニー・クラインを知り共鳴し，「書く人」でもあるヒンシェルウッドに感化され，初学者にメラニー・クラインの魅力を伝える本書を執筆した経緯があったのではないだろうか。ロビンソンにとっても，本書は大事な作品になっているだろうし，そういう作品を生み出す出会いは，良い話である。

　二人の著者と本書を共同制作したオスカー・サーラティ Oscar Zárate について，彼のコミック作品から知られた情報を紹介すると，アルゼンチン出身のイラストレーター，グラフィック・ノベル作家で，30歳を前にしてヨーロッパに渡り，ロンドンに魅入られ，以来その地で暮らし仕事をしているという。アラン・ムーアと組んだ *A Small Killing*（1991）が有名で，近年でも *The Park*（2014）［作画］，*Thomas Girtin*（2022）［作画］を発表しており，現役のコミック作家である。オスカー・サーラティの絵はときにグロテスクでアクの強いものだが，しかしこの絵柄が，クラインの内的世界の描写にはマッチしているように思う。ピーターの症例を筆頭に，クラインと子どものプレイセラピーでの分析的交流についても，サーラティの画力でグラフィックノベル仕立てで描かれており，読者は臨場感のあるクラインの臨床現場に連れていかれる。

　さて，日本のマンガは基本，一人のマンガ家がクレジットされる。ストーリーも絵も，作家たるマンガ家が書き，描く。実際の制作過程にはアシスタントが参加していて，アシスタントが背景を描いたりペン入れをしたりと，決してマンガ家一人で全工程を仕上げているわけではないはずだが，商品としては一人のマンガ家の創作物としてパッケージ化される。

　それと対照的なのが，アメコミがその典型だが，多くの海外のマンガだ。そこでは，ストーリーを書くライター，下絵を描くペンシラー，インクでペン入れをするインカー，彩色をするカラリスト，セリフやオノマトペなどの文字を書くレタラー……などなど，その仕事に名前がちゃんと与えられている各専門家が参加し，分業し，協働して，コミック作品を創る。つまり共同作品だ。それぞれの仕事を尊重し，ライターが権利を独占しないように，近年では特に，各アーティストの名前をクレジットしようという流れがある。

　専門領域を異にするアーティストの共同制作を伝統にしてコミックを創る姿勢に，私は，自分が働く医療の臨床現場が目指すチーム医療を重ねて見るところがあって，惹かれる。おそらく本書も，精神分析の専門家，医療現場の看護師，そしてグラフィックアーティストが，メラニー・クラインの魅力を初学者に伝えようという共通の理念の下で協

力して創られた作品だろう。そういう本の翻訳に携わることができて，嬉しかった。

翻訳作業については，二つ特記しておきたい。

一つはセリフ，つまり吹き出しの中の文章の翻訳である。『メラニー・クラインだったら，どんな日本語を話すだろうか』と考える翻訳作業は難しかったが，楽しい作業だった。その際に意識的に心掛けたのは，「女ことば」を使わないようにすることだ。小説や映画の日本語への翻訳で，セリフの語尾に，「〜だわ」「〜のよ」「〜わよ」などを機械的に付けることで，発話者が女性であることを示そうとする翻訳語が，「女ことば」である。「〜だぜ」などの「男ことば」もあるわけだが，男女どちらの翻訳ことばも，現実の「話しことば」を正しく反映していない。それなのに，翻訳の日本語の中だけで大手を振るっているのは解せない。もっと言えば，母親でもあり父親でもある転移対象を引き受ける分析者の言葉としても，曖昧さを排して明快に，そして素材に対して手遅れなく，子どもの心に接触する解釈を目指したメラニー・クラインの話す言葉としても，「女ことば」は，合わない。読者に向けたセリフは「〜だ」，解釈は「〜です」という語尾が比較的多いのは，上記のような問題意識によるものだ。それでも私の翻訳はセリフを含め，しばしば現実のことばに比べて硬すぎるかもしれない。批判があれば，知りたいと思う。

二つ目。原書では，メラニー・クラインを名指しする際に，「クライン」に勝るとも劣らないくらい，「メラニー」を使っている。その使い分けに厳密性は見出せなかったが，読書案内で紹介されているグロスカースによる伝記もそうだから，おそらく本書でも，離婚した夫の姓である「クライン」を使い続けたメラニー・クラインだけでなく，一人の個人としての「メラニー」がいたことも，一緒に伝えたかったのだろう。英語には頻出する「彼女」「彼」という代名詞は都度訳出すると，くどく読みにくいから，意識して訳出を控えたが，その代わり，名指しで明示して訳すことを重視した。多くの場合，「メラニー」を使ったのは，こうした理由による。

本書が出版できるまで，いくらか紆余曲折があった。最初個人的に翻訳をしたものがあって，それを出版できないか試み，実際に出版に向けて話が進んでいたが，諸事情あって，叶わなかった。

半ば諦めかけていたが，研究会にて貴重な学びをいただいている松木邦裕先生に，本書の翻訳出版の相談をしたところ，松木先生はすぐに金剛出版社長，立石正信様につないでくださり，ありがたいことにも，金剛出版が本書の出版を承諾して下さった。

その後，松木先生には監訳者としてご助言をいただき，さらに現実に出版するための指針も，示していただけた。松木先生のご支持とお力添えがなかったら，本書を現実に出版することは，叶わなかったと思う。ありがとうございました。

　本書を担当してくださった金剛出版編集者の植竹里菜様には，タイトな出版スケジュールの中，大変なご尽力をいただいた。私が誤訳や不明瞭な訳文をたくさん校正するので，とてもご苦労をおかけしたと思う。また，スケジュールに余裕のない中で，グラフィック・ノンフィクションだから表紙には絵を使いたいという私の希望についても，植竹様にありがたくも汲み取っていただき，ブックデザイナーの永松大剛様の装幀をいただける幸運に恵まれた。

　永松様は本書の表紙のために，温かみのある優しい笑顔のメラニー・クラインのポートレートを描いて下さった。さらに，本文の刷り色についても，ブックデザインの観点から，ご提案をいただいた。グラフィック・ノンフィクションらしい柔らかいデザインの装幀の本書は，はじめてクラインを知りたいと思う人たちの手に，届きやすくなったと思う。ありがとうございました。

　そして，コミック仕様の本書の組版を，美しく仕上げて下さったのは，金剛出版の伊藤渉様です。

　出版が実現するまでには，私が頼りにしながらも，ここにお一人お一人，お名前を挙げられなかった方たちもおられます。そして，私には，私の家族が支えでした。

　皆様に，深く感謝いたします。

2022 年 9 月
北岡征毅

[監訳者略歴]

松木 邦裕 (まつき くにひろ)

1950年佐賀市生まれ。熊本大学医学部卒。2009年〜2016年京都大学大学院教育学研究科教授。精神分析個人開業。日本精神分析協会正会員。京都大学名誉教授。

著書:『摂食障害の治療技法』,『精神科臨床での日常的冒険』,『精神分析臨床家の流儀』,『改訂増補　私説 対象関係論的心理療法入門』,『新訂増補　パーソナリティ障害の精神分析的アプローチ』(編著),『パーソナル精神分析事典』『トラウマへの精神分析的アプローチ』『精神分析臨床での失敗から学ぶ——その実践プロセスと中断ケースの検討』(編著)(以上，金剛出版),『分析空間での出会い』(人文書院),『精神病というこころ』(新曜社),『対象関係論を学ぶ』,『分析臨床での発見』,『精神分析体験：ビオンの宇宙』(岩崎学術出版社),他。

翻訳書:『メラニー・クライン　トゥデイ①②③』(E.B. スピリウス編，監訳，岩崎学術出版社),『新装版　ビオンの臨床セミナー』(W.R. ビオン著，共訳，金剛出版),『新装版　信念と想像：精神分析のこころの探求』(R. ブリトン著，監訳，金剛出版),『再考：精神病の精神分析論』(W.R. ビオン著，監訳，金剛出版),『患者から学ぶ』,『あやまちから学ぶ』,『人生から学ぶ』(P. ケースメント著，監訳，岩崎学術出版社),『リーディング・クライン』(M & M. ラスティン著，監訳，金剛出版)『ビオン・イン・ブエノスアイレス 1968』(W.R. ビオン著，監訳，金剛出版)他。

[訳者略歴]

北岡 征毅 (きたおか まさき)

臨床心理士，公認心理師。2003年京都大学教育学部卒業。2008年京都大学大学院教育学研究科博士後期課程指導認定。2012年〜2022年現在，医療法人こころのクリニック和——なごみ——勤務。

著訳書:京大心理臨床シリーズ11『心理療法における終結と中断』(松木邦裕監修，共著，創元社),『精神分析臨床での失敗から学ぶ——その実践プロセスと中断ケースの検討』(松木邦裕・日下紀子・根本眞弓編，共著，金剛出版),『リーディング・クライン』(M & M. ラスティン著，松木邦裕・武藤誠・北村婦美監訳，共訳，金剛出版)

はじめてのメラニー・クライン グラフィックガイド

2022年11月 1 日　印刷
2022年11月10日　　発行

著者―――――ロバート・ヒンシェルウッド　スーザン・ロビンソン
絵―――――オスカー・サーラティ
監訳者―――松木邦裕
訳者―――――北岡征毅

発行者―――立石正信
発行所―――株式会社 金剛出版
　　　　　　　〒112-0005 東京都文京区水道 1-5-16　電話 03-3815-6661　振替 00120-6-34848

装丁・装画◉永松大剛　　印刷・製本◉三協美術印刷
ISBN978-4-7724-1915-4 C3011　　©2022 Printed in Japan

リーディング・クライン

[著]=マーガレット・ラスティン　マイケル・ラスティン
[監訳]=松木邦裕　武藤 誠　北村婦美

●A5判　●並製　●336頁　●定価 **4,840** 円
● ISBN978-4-7724-1725-9 C3011

クライン精神分析の歴史から
今日的発展までを豊饒な業績だけでなく
社会の動向や他学問領域との関連も
併せて紹介していく。

クライン派の発展

[著]=ドナルド・メルツァー
[監訳]=松木邦裕　[訳]=世良 洋　黒河内美鈴

●A5判　●上製　●640頁　●定価 **9,350** 円
● ISBN978-4-7724-1455-5 C3011

フロイト—クライン—ビオンを読み解き，
観察技法，臨床実践，分析理論を
トレースしながらクライン派精神分析の
系譜学を樹立する連続講義。

パーソナル 精神分析事典

[著]=松木邦裕

●A5判　●上製　●360頁　●定価 **4,180** 円
● ISBN978-4-7724-1802-7 C3011

「対象関係理論」を中核に
選択された精神分析概念・用語について，
深く広く知識を得ることができる
「読む事典」！

価格は10%税込です。